이
아침
축복처럼
꽃비가

이 아침 축복처럼 꽃비가

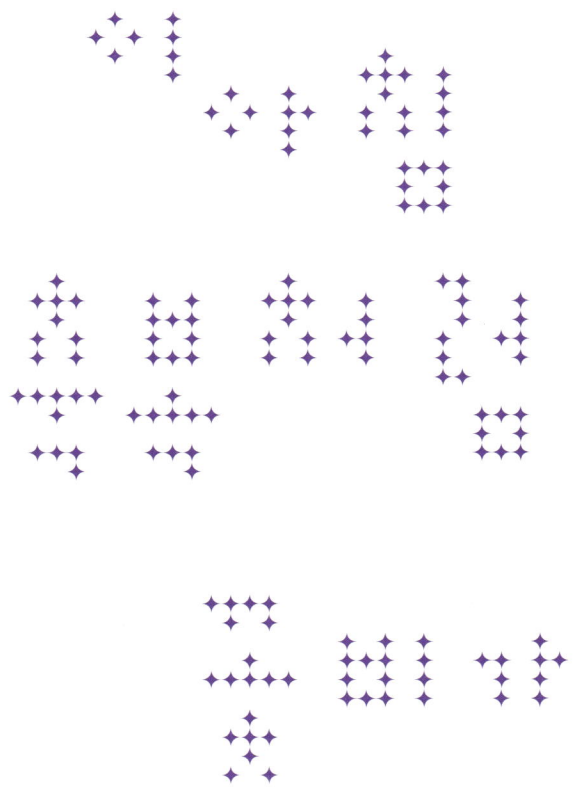

샘터　　　　　　　　　　장영희 산문집

◆ 이 책은 2010년 장영희 교수의 1주기를 맞이해 출간된 유고집의 개정판으로, 인용된 영미 소설과 시의 구절은 〈조선일보〉와 〈중앙일보〉, 〈동아일보〉 등의 연재 지면에 실린 칼럼을 기준으로 수록해 원문과 차이가 있을 수 있습니다.

◆ 이 책에 실린 영미문학 작품 중 저자와 연락이 닿지 않아 게재 허락을 받지 못한 작품에 대해서는 출판사로 연락주시면 허락의 절차를 진행하겠습니다.

내 무덤가에 서서 울지 마세요.
나는 거기 없고, 잠들지 않았습니다.
나는 이리저리 부는 바람이며
금강석처럼 반짝이는 눈이며
무르익은 곡식을 비추는 햇빛이며
촉촉이 내리는 가을비입니다.
당신이 숨죽인 듯 고요한 아침에 깨면
나는 원을 그리며 포르르
날아오르는 말없는 새이며
밤에 부드럽게 빛나는 별입니다.
내 무덤가에 서서 울지 마세요.
나는 거기 없습니다. 죽지 않았으니까요.

_클레어 하너,
〈내 무덤가에 서서 울지 마세요 Do not stand by my grave and weep〉

차례

1.
삶은 작은 것들로 이루어졌네
: 장영희가 사랑한 사람과 풍경

당신은 나의 천사 ·12

이상한 사랑 ·18

혼자만의 밥상 ·23

참된 마음의 신사 ·28

나의 안토니아 ·33

위대한 순간은 온다 ·38

사랑과 미움 고리를 이루며 ·43

이 세상에서 가장 중요한 일 ·48

숨겨놓은 눈물을 찾으세요 ·54

하늘로 날고 싶은 제자에게 ·59

배고픈 채로, 어리석은 채로 ·64

마음의 냄새를 아십니까 ·70

그래도 선생님이 되렴 ·75

손뼉 치는 사람으로 뽑혔어요 •80

자선의 참의미 •86

수난의 하루 •91

내가 저 사람이라면 •96

"내 뒷사람 겁니다!" •102

영어 때문에 재능 묻히면 안 돼요 •108

요즘 젊은것들, 참 괜찮다! •114

'다르게' 생각하라 •121

듣기 좋은 말 •126

'둥근 새' 동화가 일러준 포기의 지혜 •131

마음 항아리 •137

U턴 인생 •142

대포로 발포? 대표로 발표! •147

미국에 온 경호 엄마 •153

신문에 없는 말들 •158

꽃처럼 마음이 예쁜 민수야 •163

2.
이 아침, 축복처럼 꽃비가
: 장영희가 사랑한 영미문학

내가 너를 사랑한 도시 ·172

사우보思友譜 ·177

위대한 개츠비 ·181

주홍 글자 ·186

6월이 오면 ·190

폭풍의 언덕 ·195

만약 내가… ·200

화살과 노래 ·203

눈가루 ·206

꿈 ·209

아침 식사 때 ·212

바람 속에 답이 있다 ·214

행복 ·217

사랑에 관한 시 ·219

40 러브 ·222

자작나무 ·224

엄마와 하느님 ·227

부서져라, 부서져라, 부서져라 ·229

10월 ·232

낙엽은 떨어지고 ·234

크리스마스 종소리 ·236

새해 생각 ·239

서풍에 부치는 노래 ·242

눈덩이 ·244

2월의 황혼 ·246

삶은 작은 것들로 이루어졌네 ·248

봄 노래 ·251

4월에 ·253

5월은 ·255

네잎클로버 ·258

3.
인용 작품 ·262

1.

**삶은
작은 것들로
이루어졌네**

:

장영희가
사랑한
사람과 풍경

"누군가가 나로 인해

고통 하나를 가라앉힐 수 있다면,

장영희가 왔다 간 흔적으로

이 세상이 손톱만큼이라도 더 좋아진다면,

나 헛되이 사는 것 아니리…."

당신은 나의 천사

어렸을 때 나는 막연히 책이나 크리스마스카드에서 보는 천사를 만나보았으면 하는 생각을 하곤 했다. 누구에게나 수호천사가 있다는데, 천국에서 내려와 내게 행운을 주는 착한 천사는 어디에 있을까. 정말 이야기책 속의 천사처럼 반짝거리는 금발에 흰 뭉게구름 위에 앉아 있는 귀여운 서양 소녀처럼 생겼을까.

수년 전 《종이시계 Breathing Lessons》라는 책이 공전의 베스트셀러가 되면서 우리나라에서도 매우 유명해진 미국의 대표적 여류작가 앤 타일러의 소설 《바너비 스토리 A Patchwork Planet》는 서른 살 난 청년 바너비 게이틀린이 일인칭 시점으로 기록하는 회고록 형식으로 되어 있다.

볼티모어의 재벌 게이틀린 가문 둘째 아들이지만, 소년 시절부터 절도, 마약 복용 등으로 '문제아'

의 과거를 지닌 바너비는 대학도 졸업하지 못하고 변변한 직장도 없이, 지금은 거동이 불편한 노인들의 잔심부름을 해주는 심부름센터 직원이다.

게이틀린가의 가장들에게는 재미있는 전통이 하나 있는데, 각자 자신이 만난 '천사'에 관한 기록을 남기는 것이다. 오래전 나무 가봉틀을 만들어 성공한 바너비의 증조할아버지가 당시 그 가봉틀의 아이디어를 준 낯선 여자를 자신의 천사로 묘사한 데서 시작, 이후 게이틀린 가의 남자들은 모두 각자 자신의 인생에 새로운 계기가 되거나 도움을 준 '천사'에 대한 기록을 남겨두는 것이다. 이혼한 전 부인이 말하는 것처럼 '인생의 낙오자' 바너비는 이러한 전통에 대해 회의적이고 냉소적이지만, 그래도 내심 자신의 현재 삶에서 벗어날 수 있는 계기를 만들어줄 '천사'를 만나고 싶다는 막연한 꿈을 갖고 있다. 그러던 중 기차역에서 우연히 소피아라는 여섯 살 연상의 은행 여직원을 만나게 되고, 그녀는 바너비의 삶에 새로운 전환점을 가져온다.

짧게 요약하면 《바너비 스토리》는 주인공 바너비가 단절되고 소외된 자신의 삶을 세상과 다시 연결시키는 과정을 그리고 있다.

잠깐 한눈파는 사이 자신의 의도나 계획과는 무관하게 다른 곳으로 가버린 삶. 어느새 자신만 뒤에 남겨두고 저만치 앞서가는 다른 사람들. 자기보다 훨씬 안정되고 편안해 보이는 삶을 영위하고 있는 그 사람들은 도대체 어떤 삶을 살고 있을까?

바너비가 던지는 질문은 결국 바너비 자신이 소피아에게 끌리는 이유이기도 하다. 서로 다른 과거, 아니 어떻게 보면 서로 정반대의 과거를 갖고 있는 두 사람—위선적이고 사랑 없는 가정에 반발해서 청소년 시절부터 반항과 이탈의 경력을 갖고 있는 바너비와 부모에게 순종하는 외동딸이자 새침데기 모범생, 지금은 은행원으로 '정석'의 삶을 살고 있는 소피아—은 서로의 '다른' 삶에 강하게 끌린다. 바너비는 소피아가 현재의 '망가진' 삶에서 자신을 구해줄 수 있는 '천사'가 되어줄 것을 기대한다.

이 소설에 관해 작가 타일러와 인터뷰를 한 적이 있다. 인터뷰가 끝나고 타일러에게 재미 삼아 천사를 만나본 적이 있냐고 물었다. 그건 어디까지나 소설 속 상황일 뿐이라고 답할 줄 알았는데 타일러는 그런 우문이 어디 있느냐는 듯 눈을 크게 뜨며 말했다.

"아, 물론이지요. 이제껏 살아오면서 수많은 천사를 만났습니다. 당신은 나의 천사이고, 나 역시 당신의 천사가 될 수 있습니다. 우리는 모두 서로에게 천사가 될 수 있어요."

'우리는 모두 서로에게 천사가 될 수 있다'는 말이 무척 인상 깊었다. 천사가 우리를 지켜주고 우리에게 행복을 주는 존재라면, 딱히 하늘에서 내려오는 날개 달린 천사가 아니더라도 우리 주변에 얼마든지 있는지도 모른다.

그러고 보니 얼마 전 수해지구에 가서 직접 국수를 뽑아 수재민들에게 자장면을 대접한 중국음식점 부부, 열 살 난 아들을 데리고 강원도의 연고 없는 노인을 찾아가 집을 고쳐준 젊은 아버지가 바로 천사가 아니고 무얼까. 허탈한 마음에 넋을 잃고 앉아 있던 수재민들은 자장면 한 그릇, 고사리 손으로 나르는 나무판자를 보고 정말 천사를 만난 듯 환한 미소로 다시 마음잡고 일어섰다. 또 개똥만 뒹굴던 우리 동네 철길 옆에 꽃을 심어 '걷고 싶은 길'을 만든

박 할아버지, 버려진 상자를 모아 힘겹게 끌고 가는 할머니의 리어카를 뒤에서 밀어주던 조금 전 출근길에 본 중학생, 버스 정류장에서 시각장애인을 문 쪽으로 이끌어주던 아가씨, 모두모두 숨은 천사들이다.

  나의 천사 독자 여러분, 오늘 하루 여러분도 누군가의 천사가 되어주고, 또 많은 천사들을 만나시기를 기원합니다.

이상한 사랑

　대학 동창 진숙에게서 전화가 왔다. 오늘 오후 연구실에 들른다는 약속을 취소하겠다는 것이었는데 이유인즉슨, 아들 때문에 속이 상해서 몸져누워 있다는 것이었다. 아들이 여름에 유학을 가는데 변호사 아버지가 소개하는 아름다운 법대 여학생을 마다하고 동아리 선배와 결혼하겠다고 선언했다는 것이었다.
　"2년 연상인 데다가 정말 볼품없게 생기고 집안도 안 좋고 정말 하나도 쓸 만한 게 없는데, 그 녀석이 환장을 했지. 내 속으로 낳은 자식이지만 정말 이해 못 해."
　진숙이가 한숨을 쉬며 말했다. 그렇지만 마구잡이로 갖다대는 객관적 논리가 적용되지 않고 그렇게 '환장'할 수 있어서 아름다운 게 바로 사랑이 아닌가. 이 세상에 단 한 가지, 약삭빠른 머리가 아무리 요리조리 계산해도 속수무책으로 따라잡을 수 없는 게 마음이고, 사랑은 마음으로 하는 것이기 때문이다.

남부작가 카슨 매컬러스의 최대 걸작으로 알려진 《슬픈 카페의 노래The Ballad of The Sad Cafe》는 바로 이렇게 객관적으로 볼 때 '이상한' 또는 '이해할 수 없는' 사랑에 관한 이야기다.

아버지가 경영하던 큰 사료 가게를 물려받아 운영하는 미스 아밀리아는 6척◆ 장신에 사팔뜨기이고 남자보다 더 힘세고 건장한 여자다. 그녀는 인색하고 야비하며 돈을 벌기 위해 수단과 방법을 가리지 않는다. 그러나 어느 날 자신의 가게로 흘러들어 온 꼽추 라이먼을 사랑하게 되고, 그에 대한 연민과 사랑으로 아밀리아는 변한다. 사람들과 함께 있는 것을 좋아하는 라이먼을 위해 사료 가게를 카페로

◆ 180센티미터

만들고, 이 카페는 노동에 지친 마을 사람들에게 휴식과 위안의 장소가 된다. 그런데 어느 날 아밀리아로부터 쫓겨난 그녀의 전 남편 마빈 메이시가 찾아온다. 메이시를 보자마자 꼽추 라이먼은 광적으로 메이시를 사랑하게 된다.

메이시는 한때 아밀리아를 사랑했고, 아밀리아는 라이먼을 사랑하고, 라이먼은 메이시를 사랑하고…. 이렇게 '이상한' 사랑의 연결고리에 대해 언급하면서 매컬러스는 유명한 사랑의 정의를 내리고 있다.

우선 사랑이란 두 사람의 공동 경험이다. 그러나 여기서 공동 경험이라 함은 두 사람이 같은 경험을 한다는 것을 의미하지는 않는다. (…) 사랑을 받는 사람은 사랑을 주는 사람의 마음속에 오랜 시간에 걸쳐 조용히 자라온 사랑을 일깨운다. (…) 아주 이상하고 기이한 사람도 누군가의 마음에 사랑을 불 지를 수 있다. (…) 증조할아버지가 되어서도 20년 전 어느 날 오후, 거리에서 문득 스쳤던 한 낯선 소녀를 가슴에 간직한 채 여전히 그녀만을 사랑할 수도 있다. (…) 사랑받는 사람은 배신자일 수도 있고 머리에 기름이 잔뜩 끼거나 고약한 버릇을 갖고 있는 사람일 수도 있다. 사랑을 주는 사람도 분명히 이런 사실들을 알고 있지만, 그것은 그의 사랑이 점점 커져가는 데에 추호도 영향을 주지 못한다. 어디로 보나 보잘것없는 사람도 늪지에 핀 독백합처럼 격렬하고 무모하고 아름다운 사랑의 대상이 될 수 있다. 선한 사람이 폭력적이면서 천한 사랑을 자극할 수도 있고, 의미 없는 말만 지껄이는 미치광이도 누군가의 영혼에 부드럽고 순수한 목가를 깨울지 모른다. 그래서 어떤 사랑이든지 그 가치나 질은 오로지 사랑하는 사람 자신만이 결정할 수 있다.

　소위 객관적인 잣대로 잴 때 '이상한' 사랑도, 사랑을 하는 당사자가 아니면 그 누구도, 설사 부모라 할지라도 감히 그 사랑의 가치를 함부로 말할 수 없다. 따지고 보면 삶 자체가 도대체 이해할 수 없고 이상하기 짝이 없는데, 그렇다면 마음이 좇는 '이상한' 사랑만이 가장 정상적인 사랑인지도 모른다.

혼자만의 밥상

 저녁 회식이 취소되어 퇴근길에 집 근처 분식집에 들렀다. 국수를 주문하고 앉아 있는데 초등학교 4, 5학년쯤 되었을까, 남자아이 하나가 밖으로 연결된 좌판 쪽으로 오더니 "아줌마, 300원짜리 뭐 없어요?" 하고 묻는 것이었다. "없다. 다른 데 가봐라."라는 주인아줌마의 말에도 미련이 남는지 아이는 좌판에 진열된 떡볶이와 닭튀김에서 눈을 떼지 못하고 있었다. 조금 안된 마음에 자세히 보니 언젠가 집에서 본, 조카 건우의 반 친구였다. 나는 아이를 불러 같은 테이블에 앉히고 떡볶이를 시켜주었다.

 활달한 성격의 경민이는 부모님이 구두가게를 해서 늘 늦기 때문에 엄마가 저녁 식사를 준비해놓고 가시지만 오늘은 바빠서 그냥 가셨고, 간식비 1,000원이 있었지만 700원어치 컴퓨터 게임을 했다는 등 떡볶이를 먹으며 즐겁게 얘기했다.

"근데 아줌마랑 밥 먹으니까 좋아요. 만날 혼자 밥 먹으면 되게 심심하거든요."

떡볶이를 사준 데 대한 고마움의 표시인지 모르지만, 그렇게 말하는 경민이의 얼굴에 잠깐 그림자가 스쳤다.

경민이처럼 어른 아이 할 것 없이 혼자만의 밥상을 맞는 사람들이 늘고 있다. 아예 혼자 살기 때문에 너무 바빠서 대충 식사를 때우느라, 또는 가족이 저마다 다른 스케줄이 있어서 등 이유는 많다. 일본에서는 고독한 식사를 하는 사람이 우울증에 걸리기 쉽다는 사실이 발견됐고, 그 병을 '고식병孤食病'이라고 이름 지었다 한다.

사실 음식을 나누는 것은 친교의 기본 조건이다. '친구'라는 뜻을 가진 영어 단어 'companion'에서 'com'은 '함께', 'pan'은 '빵'을 의미한다. 그래서 '함께 빵을 먹는 사람'이 바로 '친구'인 것이다. 성서에 나오는 '최후의 만찬'을 필두로, 문학에서 음식을 함께 먹는 행위는 친교나 연대의식을 상징할 때가 많다. 버지니아 울프의 대표작 《등대로To the Lighthouse》도 그런 예 중 하나다.

울프의 다른 작품들과 마찬가지로 '의식의 흐름' 기법이 사용된 《등대로》는 스코틀랜드의 섬에 있는 별장에서 여름을 보내는 대학교수 램지의 가족(부인과 여덟 명의 아이들)과 그들이 초대한 손님들의 이야기다. 1부 '창窓'에서는 여섯 살 난 아들에게 등대에 데리고 가겠다고 약속하는 램지 부인과 손님들을 그리고 있고, 2부 '세월은 흐르고'에서는 10년 동안 전쟁이 일어나고 램지 부인이 죽었음을 아주 짤막하게 알리며, 3부 '등대'에서는 마침내 별장에 다시 모인 이들이 등대로 가는 것을 묘사한다.

아무런 극적 요소 없는 단순한 이야기지만, 이 소설의 구성을 단단하게 묶어주는 세 개의 모티프는 멀리 보이는 등대와 저녁 식사 파티, 손님 중 릴리라는 화가가 그리고 있는 램지 부인의 초상화다.

냉철하고 이성적인 램지 교수와는 대조적으로 따뜻하고 포용적인 램지 부인의 통합력이 두드러지는 곳은 바로 가족과 손님들이 모두 함께하는 식탁이다.

수저를 내려놓으면서 부인은 사물의 핵심을 차지하는 고요한 공간이 바로 여기에 있다고 느꼈다. (…) 부인의 눈이 어찌나 맑은지 식탁 둘레에 앉은 사람들 하나하나의 속마음과 느낌의 베일을 꿰뚫고 투시하는 듯했다. (…) 모두가 하나의 통일된 전체를 이루는 것 같았다.

마치 산문시처럼 서정적인 문체로 쓰인 이 작품은 비록 죽었지만 사람들의 마음에 불멸로 남아 있는 램지 부인의 초상화를 화가 릴리가 완성하는 장면으로 끝난다.

 경민이는 떡볶이 2인분을 거뜬히 먹어치운 후에 "아줌마, 고맙습니다!" 하고 활짝 웃으며 혼자만의 밥상으로 돌아갔다. 아직 고식병의 징후는 보이지 않았지만, 목걸이처럼 목에 달랑 매단 열쇠 하나가 무척 외로워 보였다.

참된 마음의 신사

오늘 강남 쪽에 잠깐 일이 있어 택시를 탔는데, 기사 아저씨는 굳이 내가 30분쯤 볼일 보는 것을 기다렸다가 다시 나를 태우고 강북으로 오겠다고 했다. 강남 쪽은 너무 차가 막혀 다시 강북으로 오고 싶은데, 좀 기다리더라도 손님을 태우고 오는 게 낫다는 것이었다. 그러다 보니 오고 가고 거의 세 시간 동안 그 기사 아저씨와 이야기를 나누게 됐다.

"택시가 경기에 제일 민감하지요. 요샌 손님처럼 장거리 가는 손님도 별반 없어요."

쉰 중반쯤 보이는 아저씨는 개인택시 경력 4년 차로, 번호값 5천만 원을 빚내서 시작했지만 아직 빚도 다 못 갚은 데다 시집보내야 할 딸만 셋이라고 했다. 이런저런 얘기 끝에 아저씨는 맏딸이 사귀던 남자가 얼마 전 좀 더 조건이 좋은 다른 여자와 결혼해버리는 바람에 딸이 상심해서 아침밥도 안 먹는 것을 보고 나왔다고 했다.

"가슴 아프지요. 못난 애비 둬서 자식 상처받는 게. 서로 죽자 사자 하는 것 같더니만…. 참 신사적이지 못하지요. 하긴 세상이 그러니 그놈만 탓할 것도 못 되지만…. 오늘 25만 원 이상 올리면 딸내미 갖고 싶어 하는 카메라폰 사갖고 들어갈 겁니다."

《위대한 유산Great Expectations》이라고 번역되는 찰스 디킨스의 작품은 어떻게 보면 바로 이런 '비신사'에 관한 이야기다.

가난한 고아로서 대장장이 매형의 조수로 살던 주인공 핍은 어느 날 마을 근처 습지에서 탈옥수 매그위치를 만나고 그의 위협에 못 이겨 몰래 음식과 줄칼을 갖다준다. 같은 마을에는 결혼식 한 시간 전 약혼자에게 배신당한 노처녀 해비셤이 살고 있는데, 그녀는 남자들에게 복수하기 위해 미모의 소녀

에스텔라를 양녀로 삼아 남자들의 마음에 상처를 주는 냉혈 여성으로 키우고 있다. 핍은 아름다울 뿐 아니라 자신이 갖지 못한 것을 다 누리고 있는 에스텔라를 열렬히 사랑하게 된다.

그러던 어느 날 핍은 이름을 알 수 없는 사람에게서 거액의 유산을 물려받는다. 런던으로 나가 상류층의 '신사'가 될 수 있는 기회가 주어진 것이다. 그러나 부자가 된 핍은 자신의 과거 신분을 부끄럽게 여기고 은인인 매형까지 구박하는 비열한 인간으로 타락한다. 그런데 이야기는 핍에게 익명으로 돈을 준 사람이 탈옥수 매그위치였다는 사실이 밝혀지면서 추리소설처럼 전혀 뜻하지 않았던 극적 결말을 맞는다.

디킨스는 에스텔라에 대한 핍의 사랑이 순수한 감정적 차원에 그치는 것이 아니라 사회적 신분 상승의 욕구와 밀접하게 관계되어 있음을 분명히 밝힌다.

"에스텔라 당신은 내 존재, 나 자신의 일부입니다. 당신은 이 세상에서 내가 알고 있는 모든 우아한 환상을 구체화하는 상징입니다…"

그러나 결국 이 작품에서 디킨스가 강조하는 것은 핍의 인간적 성숙이다. 작가는 핍의 친구 포켓의 입을 통해 이렇게 말한다.

"마음으로 신사가 아닌 사람은 예법으로도 진정한 신사가 될 수 없어."

즉 진정한 신사란, 신사다운 매너와 더불어 참된

마음을 가지고 있어야 한다는 것이다. 그리고 결국 핍은 교육이나 재산을 통해서가 아니라 자신에 대한 매그위치의 맹목적 애정과 매형의 한결같은 사랑에서 서서히 사랑의 고귀함과 진정한 신사도의 가치를 깨닫게 된다.

기사 아저씨가 여전히 딸에 대해 이야기를 하고 있을 때, 공덕동 쪽으로 들어서던 차에서 갑자기 덜덜거리는 소리가 나기 시작했다. 그러더니 곧 앞쪽에서 시커먼 연기가 났다. 라디에이터 호스가 터졌다고 했다. 금방 고쳐질 게 아니라며 아저씨는 나에게 다른 택시를 잡아주었다. 연기 나는 차 옆에서 내게 멋쩍게 손을 흔드는 기사 아저씨를 돌아보며, 나는 '비신사적' 남자에게 버림받은 딸을 위해 오늘 밤 카메라폰을 못 사갖고 들어갈 가난한 아버지의 빈손이 마음에 걸렸다.

나의 안토니아

군대 간 혁진이에게서 편지가 왔다.

선생님, 어제 저의 상사가 "야, 너 이 사람 아냐? 서강대 교수라는데." 하며 부대에 들어오는 잡지를 내미는데 보니까 선생님이셨습니다. 그래서 "옛, 우리 선생님입니다." 하고 대답했는데 '우리'라는 말이 얼마나 정답고 자랑스럽던지요.

'우리'라는 말을 들으면 나는 가끔씩 상호가 생각난다. 몇 년 전 내 지도학생이던 상호는 집안 사정이 어려워 장학금 수혜 문제로 나와 자주 상담을 하곤 했다. 결손 가정에서 자라 불우한 청소년기를 보냈다는 상호가 한번은 내게 말했다.

"저는 비행 청소년이었거든요. 세상이 싫었고 사람들이 싫었어요. 그래서 무조건 반항했죠. 그렇지만 속으로는 너무 외로웠어요. 중학교 3학년 때 담임선생님이 무척 잘해주셨는데도 저는 계속 말썽만 피웠어요. 근데 한번은 방과 후 패싸움을 하고 머리가 터져 왔는데, 그 선생님이 붕대를 감아주며 말씀하셨어요. '우리 상호 피를 많이 흘리네. 어떡하지?' 그냥 상호가 아니라 '우리' 상호…라고 하셨어요. 그 말, '우리'라는 말이 제 가슴을 때렸어요. 그리고 정신 차렸죠."

상호의 삶을 바꿔놓은 말 '우리'. 정확하게 말하면 소유격 '나의my'라는 말은 새삼 생각하면 참 요술 같은 말이다. '나와 그 사람'의 평면적 관계가 '나의 그 사람'이 되면 갑자기 아주 친근한 관계, 내가 작아지고 그 사람이 커지는 소중한 관계가 된다.

미국 개척기에 관한 대표적 소설이라 할 수 있는 《나의 안토니아My Antonia》의 '나의'도 이러한 맥락에서 이해할 수 있다. 미국 서부 철도회사의 변호사인 짐 버든이 어렸을 때 고향 친구 안토니아를 추억하는 형식으로 되어 있는 이 작품은 윌라 캐더의 자전적 소설이다.

짐은 열 살 때 부모가 죽자 조부모가 있는 네브래스카주로 가는 기차 안에서 보헤미아에서 이민 오는 안토니아의 가족을 만난다. '순진하고, 따뜻하고, 태양처럼 빛나는 눈동자를 가진' 아름다운 열네 살 소녀 안토니아는 그러나 원시적 미개지에서 움막을 짓고 추위와 싸우며 고된 농사를 지어야 하는 가난한 이민자 집안의 장녀였다. 미국에 온 지 반년 만에 유럽에서와는 너무나도 동떨어진 고된 생활에 절망한 아버지는 자살하고, 집안의 가장이 된 그녀의 삶은 고투로 가득 찬 일상의 연속이었다. 일자리를 구하기 위해 도시로 나간 그녀는 미혼모가 되어

귀향, 마을의 농부와 결혼해서 농지를 개척한다. 대학에 가기 위해 고향을 떠났던 짐이 20년 후에 다시 고향을 찾았을 때 안토니아는 열 명의 자식을 거느리고 남편과 함께 행복한 대농장의 주인이 되어 있었다. 이제는 이도 많이 빠지고 머리는 반백이 되고 몸도 많이 불은 안토니아지만, 짐은 안토니아에게서 마치 대지의 여신과 같은 풍부한 생명력을 본다.

《나의 안토니아》는 20세기 초까지 미국의 정신적 지주가 되었던 개척 정신을 찬양하고, 강인함과 인내심의 상징인 궁극적 모상母像을 그린 소설이다. 그러나 결국 이 이야기의 주인공은 안토니아를 회상하는 일인칭 화자 짐 버든이다. 소위 사회적 성공을 이루고 미술 애호가이면서 아름답고 돈 많은 부인과 결혼했지만 행복을 느끼지 못하는 짐은 안토니아에게서 남녀의 낭만적 사랑을 초월한 삶 자체에 관한 열정과 영혼의 풍요로움을 찾는다. 처음에 그는 자신의 회고록 제목을 '안토니아'라고 했지만, 곧 그 앞에 '나의'를 붙인다. 안토니아는 객관적 전기傳記 대상이 아니라 그에게 행복했던 어린 시절을 상기시켜주고 삭막한 삶에 다시 희망과 의미를 일깨워주는 소중한 '나의' 안토니아이기 때문이다.

혁진이를 자랑스럽게 하고, 샛길로 가는 상호를 올바른 길로 이끌어준 말 '우리'. 자꾸 '나'만 커지는 이 세상에 '나의', '우리'를 다시 생각해본다. 우리 부모님, 우리 학생들, 우리 이웃들…. 마침 초등학교 1학년 '우리' 조카가 동계 올림픽 쇼트트랙 경기를 보며 "우리나라 이겨라!"를 외친다. 맞다. 그리고 우리나라….

위대한 순간은 온다

어제 나를 찾아온 용호는 내가 서강대 부설 야학에서 가르쳤던 학생인데, 정비공으로 취직이 돼 고향인 속초로 내려간다고 했다. 사실 용호의 꿈은 신부님이 되는 것이었는데 지난해 수능고사 점수가 기대에 못 미쳤고, 담당 신부님이 조심스럽게 사제의 길을 포기할 것을 권고했다는 것이다. 선물로 책 한 권을 주며 나는 앞에 '이 세상에 기쁨과 행복 주는 사람 되거라!'라고 썼다. 그것을 보고는 한숨과 함께 용호가 말했다.

"에이, 선생님. 제가 어떻게 이 세상에 기쁨과 행복을 줘요. 저는 신부님이 돼서 위대한 일을 많이 하고, 세상에 기쁨과 행복을 주려고 했어요. 그랬는데…"

자동차 정비공이 어떻게 이 세상에 기쁨과 행복을 주겠느냐는 말이었다. 나는 "물론 신부님도 이 세상에 기쁨과 행복을 주겠지만 정비공도…"라고 말하려다 그만뒀다. 좌절된 꿈에 슬퍼하고 있는 용호가 어떻게 받아들일지 몰랐기 때문이다. 그러면서 나는 문득 토니를 떠올렸다.

유학 중 내가 살던 기숙사의 경비 아저씨 토니는 나이가 한 예순쯤 됐는데 전직이 콜택시 기사였다. 그가 언젠가 자신이 기사 시절 크리스마스 날 새벽에 겪은 일화를 얘기해준 적이 있다.

그날 밤 당번이었던 그는 시내 어떤 주소로 가라는 연락을 받았다. 도어벨을 누르니 한참 있다가 문이 열렸고, 거기에는 마치 40년대 영화에서 막 걸어 나온 듯한 복장에 모자까지 단정히 쓴 아주 나이 든 할머니가 서 있었다. 그 뒤로 보이는 방에는 가구가 다 흰색 천으로 덮여 있었다. 차에 타자 할머니는 주소를 주면서 시내를 가로질러 가달라고 부탁했다.

"그러면 돌아서 가는 건데요, 할머니."

"괜찮아요. 난 시간이 아주 많아. 호스피스 병원으로 가는 중이거든. 식구도 없고, 의사 선생님 말씀이 이젠 갈 때가 얼마 안 남았대."

어둠 속에서 할머니 눈에 이슬이 반짝였다. 토니는 미터기를 껐다. 그로부터 두 시간 동안 토니와 할머니는 함께 조용한 크리스마스 새벽 거리를 드라이브했다. 그녀가 젊은 시절 엘리베이터 걸로 일하던 빌딩, 처음으로 댄스파티를 갔던 무도회장, 신혼 때 살던 동네 등을 천천히 지났다. 때로는 어떤 건물 앞에 차를 세우고 그냥 오랫동안 어둠 속을 쳐다보기도 했다. 어슴푸레 날이 밝아오자 할머니는 "이제 피곤해. 그만 갑시다."라고 말했다. 병원에 도착해서 토니는 몸을 굽혀 할머니를 안아 작별 인사를 했다.

"자네는 늙은이에게 마지막 행복을 줬어. 아주 행복했다우."

할머니가 말했다.

"난 그날 밤 한참 동안 할머니를 생각하며 돌아다녔지. 그때 내가 그냥 경적만 몇 번 울리고 떠났다면? 그래서 크리스마스 날 당번이 걸려 심술 난 다른 기사가 가서 할머니에게 불친절하게 대했더라면…. 돌이켜보건대 나는 내 일생에 그렇게 위대한 일을 해본 적이 없어. 내가 대통령이었다 해도 아마 그렇게 중요한 일은 하지 못했을지 몰라."

우리는 보통 우리의 삶이 아주 위대한 순간들로 이뤄져야 한다고 생각한다. 그리고 그 위대한 순간,

나의 모든 재능을 발휘해 위대한 일을 성취할 날을 기다린다. 내게는 왜 그런 기회가 오지 않느냐고 안타까워하고 슬퍼한다.

  그렇지만 그 위대한 순간은 우리가 모르는 새 왔다 가는지도 모른다. 남들이, 아니면 우리 스스로가 하찮게 생각하는 순간들 속에 숨어 있는지도 모른다. 무심히 건넨 한마디 말, 별생각 없이 내민 손, 스치듯 지은 작은 미소 속에 보석처럼 숨겨져 있는지도 모른다. 그리고 그런 순간은 대통령에게도, 신부님에게도, 선생님에게도, 자동차 정비공에게도, 모두에게 골고루 온다.

사랑과 미움 고리를 이루며

요새 수수께끼에 심취해 있는 초등학교 3학년짜리 조카 건우가 물었다.

"이모, 지금 이 세상에서 한 사람도 빠지지 않고 다 하고 있는 게 뭔지 알아?"

"글쎄, 이 세상 사람들이 모두 다 늙어가고 있겠지."

웬일로 내 머리에서 기발한 답이 생각났다 싶어 얼른 대답했다.

"늙어가고 있다고? 틀렸어. 답은, 모두 숨을 쉬고 있다는 거야."

건우가 의기양양하게 말했다. 태어나자마자 모든 인간은 '늙어가게' 마련이니 내 답도 맞다고 항변할 수도 있었으나 그만두었다. 사실 내가 건우에게 정말로 하고 싶었던 대답은 "이 세상 사람 모두가 지금 하고 있는 일은, 마음속에서 누군가를 사랑하거나 미워하고 있을 것이다."였다.

인종이나 국적, 나이나 직업에 따라 우리 사는 모습은 각양각색이지만 우리 삶의 모든 일은 결국 사랑과 미움의 관계로 귀착된다. "너는 지금 누구를 사랑하고 있는가?"라는 질문에 "아무도 사랑하지 않는다."라고 답할 사람은 없을 것이다. 열정적으로 미칠 만큼 누군가를 사모하는 사랑일 수도 있고, 아니면 구태여 의식하지 않더라도 늘 마음속에 간직한 은근한 사랑일 수도 있다. 크든 작든 그 누구의 마음에도, 아무리 그악스러운 살인범의 마음속에도 분명히 사랑은 있을 것이다.

그런가 하면 정도의 차이는 있어도 모든 사람의 마음속에는 복병처럼 누군가를 향한 미움도 있게 마련이다. 정말이지 죽이고 싶을 정도로 강한 미움일 수도 있고, 밉지만 어떡하랴 싶어 혼자 삭여버리는 그런 미움일 수도 있다. 천사 같이 착한 사람의 마음속에도 남을 미워하는 마음, 상처 준 이에게 복수하고 싶은 마음은 분명히 있을 것이다.

살아가면서 우리는 보통 세 부류의 사람들을 알고 지낸다고 한다. 첫째는 친근감을 느끼는 사람들인데 그들은 나에게서 다섯 걸음쯤 떨어져 있다. 서로 넘어져도 다치지 않을 만한 거리를 유지하고 있어서 서로의 실수에 대해서도 관대하다.

둘째는 사랑하는 이들인데 그들은 나에게서 한 걸음쯤 떨어져 있다. 서로의 자유를 존중하기 위해 약간의 거리를 유지하지만, 내가 넘어질 때 함께 넘어질 수도 있다. 사랑하는 사람은 나 때문에 자신도 다칠 수 있다는 것을 알면서도 내가 넘어질 때 기꺼이 내게 손을 내민다. 아니, 함께 넘어지고 서로 부축해 함께 일어난다.

셋째는 나를 미워하는 이들인데, 그들은 나와 등을 맞대고 밀착되어 있다. 숨소리 하나까지 나의 움직임에 민감하며 여차하면 나를 밀어버리기 위해 꼭 붙어 있다. 언제나 내 실수를 기다리고 있다가 교묘히 이용하고, 넘어지는 나를 보고 손뼉 치거나 더 많이 다치는 쪽으로 밀치기도 한다.

건우의 수수께끼처럼 우리는 살아 있기 때문에 숨을 쉬고, 사람이기 때문에 누구나 서로 사랑과 미움의 기다란 고리를 이루며 살아간다. 나는 지금 내가 아는 사람들과 어느 정도의 거리를 유지하고 있을까.

이 험한 세상을 살면서, 한 걸음 사이에 두고 있는 사람들보다는 너 죽고 나 살기로 밀치고 밀리면서 나와 서로 등 맞대고 서 있는 사람들이 훨씬 더 많은 것 같다. 그래서 이 세상에 나 같은 사람들이 마음을 바꾸어, 너무 멀리 서 있다면 조금 더 가까이, 등 맞대고 서 있으면 조금 멀리, 함께 넘어지고 일어나며 운명을 같이하는 한 걸음의 거리를 유지한다면, 이 세상에 저런 몹쓸 전쟁 따위는 없을 텐데⋯.

이 세상에서 가장 중요한 일

정말 숨이 막힐 정도로 무덥다. TV를 봐도 신문을 봐도 온통 슬프고 어두운 소식뿐, 어디 한 군데 상큼한 구석이 없고 기분도 날씨처럼 칙칙하고 우울하기 짝이 없다. 그런데 오후에 어느 대학신문에서 전화가 걸려 와 나의 '행복론'에 대해 말해달라고 한다. 무슨 번지수 틀린 소리인지. 불쾌지수가 99쯤 되는 날씨에 웬 '행복' 운운하는가 말이다. 대답이 군색하여 하루쯤 생각할 여유를 달라 하고, 학교 회의에 참석하기 위해 집을 나섰다.

신촌 로터리로 들어서는데 차의 휘발유가 바닥나서 자꾸 노란 경고등이 들어오고 있었다. 휘발유 넣는 일조차 번거로워 게으름을 피운 탓이다. 부랴부랴 학교 근처 주유소로 들어갔다. 3만 원 이상 주유하면 커피와 자질구레한 선물을 주기 때문에 내가 자주 드나드는 주유소다. 스무 살쯤 된 낯익은 젊은 청년이 달려왔다.

"얼마나 넣어요?"

더운 날씨에 밖에서 일하느라 셔츠가 땀에 흠뻑 젖었는데도 뭐가 그리 좋은지 얼굴은 함박웃음이다.

"가득요."

퉁명스럽게 말하자 청년은 재빨리 호스를 연결해 놓고는 다시 물었다.

"냉커피 드려요, 따뜻한 커피 드려요?"

"아니, 이 더운데 뜨거운 커피를 어떻게 마셔요?"

내가 신경질적으로 말하자 청년은 얼른 뛰어가서 냉커피 한 잔을 들고 왔다. 내 기분이 찌뿌드드한 걸 눈치챘는지 커피를 내밀며 청년이 말했다.

"얼음을 곱빼기로 넣었어요. 근데 아줌마, 우리 집 커피 참 맛있죠?"

예기치 않은 질문에 기어들어가는 목소리로 대충

얼버무리고 학교에 들어가면서 나는 생각했다.

'별일이네. '우리 집'이라니, 저 큰 주유소가 자기 거라도 되나?'

회의를 끝내고 집에 돌아올 즈음에는 이미 러시아워가 시작되어 차가 꽉 막혀 있었다. 빨간불에 선 차들이 꼼짝도 못 하고 있는데, 인도 쪽에서 어떤 할아버지가 커다란 비닐봉지에 담긴 뻥튀기를 팔고 있는 게 보였다. 나는 차에서 내리는 수고를 아끼기 위해 창문을 내리고 소리쳤다.

"할아버지! 뻥튀기 한 바가지에 얼마예요?"

거리가 기껏해야 3미터 정도였는데 할아버지는 내 쪽으로 고개조차 돌리지 않았다.

"할아버지!"

나는 더욱 목청을 높였다. 바로 그때 횡단보도를 건너던 어떤 여학생이 나와 할아버지를 번갈아 보더니 급히 할아버지 쪽으로 돌아갔다. 그러고는 나를 가리키며 무언가 손짓을 하고는 내게 와서 말했다.

"아줌마, 두 바가지에 천 원이래요. 얼마나 드려요?"

방글방글 웃는 얼굴에 보조개가 인상적이었다. 그제야 나는 할아버지가 청각 장애인이라는 것을 알았다. 그 여학생은 초라하게 서 있는 할아버지가 안 돼 보여 뻥튀기 한 바가지라도 더 팔게 도와주기 위해 오던 길을 되돌아간 것이었다.

집에 오는 길 내내 나는 생각했다. 나와는 달리 이 무더운 날씨에, 아까 주유소 젊은이와 그 여학생의 얼굴은 무척 밝고 행복해 보였다고.

톨스토이는 〈세 가지 질문〉이라는 글에서 이렇게 묻는다.

"이 세상에서 가장 중요한 때는 언제인가?
가장 필요한 사람은 누구인가?
그리고 이 세상에서 가장 중요한 일은 무엇인가?"

이 질문에 대해 이렇게 답하고 있다.

"이 세상에서 가장 중요한 때는 바로 지금이고,
 가장 필요한 사람은 바로 지금 만나는 사람이고,
 그리고 이 세상에서 가장 중요한 일은 바로 내 옆에 있는 사람에게 선善을 행하는 일이다."

즉 바로 지금 내 옆에 있는 사람에게 선을 행하는 것, 그것이야말로 내 삶이 더욱 풍부해지고 내가 행복해지는 조건이라는 것이다.

톨스토이의 이론에 따르면 아까 그 두 젊은이의

얼굴이 그렇게 환하게 빛나고 있었던 것은 '이 세상에서 가장 중요한 일'을 하고 있었기 때문이 아닐까.

저녁때 대학신문 기자가 다시 전화를 걸어 왔다. 이번에는 할 말이 있을 법했다.

"톨스토이의 행복 이론을 한번 시험해보려고 합니다. 무더위에 짜증이 나도, 사는 게 별로 재미없어도, 옆 사람에게 좋게 대하면 정말 나까지 행복해지는지…."

숨겨놓은 눈물을 찾으세요

인터넷에서 자료를 찾는데 미군의 폭격으로 부상당하거나 죽은 이라크 민간인들의 모습을 담은 사진들이 올라와 있었다. 머리가 으깨진 채 숨진 남자, 부모와 양팔을 한꺼번에 잃은 아기, 화상 때문에 괴기한 모습으로 변한 여자, 두 발목이 너덜거리는 소녀…. 차마 눈 뜨고 볼 수 없는 참상이었다.

사진들을 보면서 나는 거창한 명분이나 이해관계를 떠나 어떻게 한 인간이 또 다른 인간을 저렇게 참혹하게 파괴할 수 있을까, 우리 모두에게 내재해 있는 잔혹성, 난폭성에 대해 깊은 회의를 느꼈다.

무거운 마음으로 학교로 향했다. 오늘따라 문과대학 입구에 붙어 있는 광고문 중 '동문회에 안 나오면 오늘이 제삿날', 'MT에 불참하는 자를 축출하자' 등 위협적이고 폭력적인 문구들이 많았다. 그중에서 한구석에 붙은 광고문 하나가 눈에 띄었다.

'숨겨진 보석을 찾아서, 숨겨진 눈물을 찾아서, 숨겨진 진리를 찾아서… 혜명회로 오십시오.'

교내 불교 동아리가 회원 모집을 위해 내붙인 광고였다. 우리가 살고 있는 세상에는 마음의 보석도, 눈물도, 진리도 모두 숨어 있다는 전제가 담긴 이 광고문에서 '숨겨진 눈물을 찾아서'라는 말이 가슴에 와닿았다.

문득 오래전에 미국에서 만났던 킹 부인이 생각났다. 친구의 이웃이었는데 갑자기 좀 와달라는 전갈이 왔다. 한국 고아를 입양해 사회복지소에서 아이를 데려오는 날인데, 낯선 땅에 와서 푸른 눈의 엄마를 처음 상면하는 자리에 같은 한국인이 있어 한국말을 좀 해줄 수 있다면 아이의 충격이 훨씬 덜하리라는 배려에서였다.

킹 씨 집에 도착했을 때 킹 부부는 집 안 군데군데

꽃과 동물 인형들을 배치하며 제이슨—그들이 지어 놓은 아이의 이름—을 맞이할 채비로 분주했다.

마침내 사회복지소 직원이 두 살 난 제이슨을 안고 들어올 때 나는 놀라지 않을 수 없었다. 심한 뇌성마비로 몸을 전혀 가누지 못하고 한쪽 눈까지 먼, 중증의 장애를 가진 아이였다. 아이를 받아 안고 한참 동안 아이를 내려다보던 킹 부인은 갑자기 울음을 터뜨렸다. 나는 당황했다. 아이의 상태로 보아 그녀가 실망한 것도 무리가 아니었다. 그러나 그녀가 제이슨을 꼭 보듬어 안으며 하는 말은 나를 놀라게 했다.

"정말 예쁘군요. 이렇게 예쁜 아기가 어떻게 내 아이가 되었을까요. 내가 운이 너무 좋지요?"

지난해 다시 제이슨을 만날 기회가 있었다. 이제 거의 열 살이 된 제이슨은 엄마 뒤에서 나를 열심히 훔쳐보는 장난꾸러기 소년이었다. 제이슨을 처음 보고 우는 모습에 당황했었다고 말하자 킹 부인이 대답했다.

"제이슨은 지금도 늘 나를 울게 만들지요. 어제도 포크를 여러 번 떨어뜨리면서도 혼자 식사하려고 노력하는 모습이 너무 대견해 울었답니다. 저는 눈물은 사랑에서 나온다고 생각해요. 그래서 제이슨은 제게 사랑을 가르쳐줍니다."

킹 부인의 말처럼 사랑이란 결국 아주 쉽고 단순한 감정—불쌍하고 약한 자를 보고 눈물 흘릴 줄 아는 마음—에서 시작하는지도 모른다. 그래서 오래전 나훈아는 '사랑은 눈물의 씨앗'이라고 노래했겠지만, 어쩌면 눈물은 사랑의 씨앗인지도 모른다.

《어린 왕자 Le Petit Prince》를 쓴 생텍쥐페리는 "눈물을 흘릴 줄 아는 능력이야말로 인간이 가질 수 있는 최대의 부$_富$"라고 했다. 척박한 세상을 살아가며 모든 사람들의 가슴속에 꼭꼭 숨겨놓았던 눈물을 찾아 마음의 부자가 된다면 이 찬란한 봄에 맞는 부활의 아침이 더욱 아름답지 않을까.

하늘로 날고 싶은 제자에게

다시 한 학기가 끝났다. 학기 초의 무질서가 좀 정돈될라치면 어느새 중간고사, 겨우 중간고사 성적 제출하면 또 학기 말이다. 늘 그렇지만, 학기가 시작하기 전에는 이번에는 정말로 충실히 잘 가르쳐야지 마음먹어보지만, 끝나면 아쉬움이 앞선다.

얼마 전 어느 교수님이 정년 퇴임사에서 하신 말씀이 생각난다. 다른 사람들의 시간은 하루, 한 달, 1년, 이렇게 흘러가지만, 선생들의 시간은 1학기, 2학기, 이렇게 학기별로 흘러간다고. 피천득 선생 수필에 '새색시가 시집와서 김장 서른 번만 담그면 할머니가 된다'고 했듯이 가르치는 과목의 교안 몇 번 꺼냈다 넣었다 하면 어느새 정년 퇴임 할 때가 된다고. 가르치는 일은 단지 학식을 전하는 것이 절대 아니니까 덕을 많이 쌓으라는 부탁 말씀이었다.

이번 학기 내 영문학 개론 수업에는 용훈이를 정

말 꼭 닮은 학생이 있었다. 유학에서 갓 돌아와 햇병아리 강사 시절, 내 영작 수업을 수강하던 용훈이는 좀 독특한 학생이었다. 우선 좀 눈에 띨 정도로 키가 작았고, 수업 시간에는 다른 일을 하거나 아예 팔베개를 하고 엎드려 잤다. 숙제를 주면 너무 성의 없이 했고, 그나마 아예 내지 않을 때가 많았다. 새내기 선생으로 열정에 가득 차 있던 나는 용훈이를 많이 꾸짖곤 했다. 용훈이는 늘 혼자였고, 수업이 없을 때는 인문관 앞에서 지나가는 사람들도 아랑곳하지 않고 "호잇, 호잇!" 하면서 무슨 중국 무술 비슷한 것을 연습했다.

그런데 언젠가부터 용훈이는 내 연구실 문 밑에 매일 쪽지를 넣기 시작했다. 언제나 "선생님, 저는 하루에 키가 2센티미터씩 크고 있습니다. 머리가 마치 솜으로 꽉 찬 듯합니다. 그래서 아무것도 할 수 없어요."라는 내용이었다. 나는 공부하기 싫으니까 말도 안 되는 핑계만 댄다고 꾸중하고, 이후 계속 들어오는 쪽지도 무시해버렸다.

그런데 어느 날 수업에 결석한 용훈이는 다시 쪽지를 남겼다. 이번에는 좀 다른 내용이었다.

"엠마오관에서 하늘로 날아가겠어요."

나는 섬뜩한 느낌이 들어 조교들과 함께 서둘러 엠마오관으로 갔다. 아닌 게 아니라 용훈이는 엠마오관 옥상 난간에 앉아 있었다. 순순히 조교들을 따라 내려온 용훈이는 말했다.

"하늘로 훨훨 날아가고 싶어요. 자유롭고 싶어요. 선생님, 저를 하늘에 데려다주세요."

결국 용훈이는 휴학을 하고 정신과 치료를 받았고, 다시는 학교로 돌아오지 못했다. 나중에 들은 바로 용훈이 아버지는 남미 어느 나라의 대사였고, 어렸을 때부터 모든 일에 형보다 탁월하고 키 크고 잘생긴 용훈이 동생만 편애하면서, 용훈이는 못생기고 공부 못한다고 심하게 구박했다고 했다. 아마 용훈이는 자기도 동생처럼 키가 크고 싶어서, 그 바람이 너무 커서 실제로 키가 크고 있다고 착각한 모양이었다. 그러면 부모님의 사랑을 얻을 수 있으리라고 생각했던 모양이다. 그리고 아마도 너무 외로워서, 쌀쌀맞은 선생에게라도 무슨 이야기를 하고 싶었던 모양이다.

용훈이가 떠나고 난 후 나는 제발 좀 도와달라고 안타깝게 손 내밀던 용훈이를 알아보지 못한 나를 많이 자책했다. 그리고 학생들의 말보다 마음을 들어주는 선생이 되리라 다짐했다.

이제 많은 세월이 흘렀고, 어쩌면 이번 학기에도 '하늘로 날아가고 싶은' 소망을 가진 학생이 있었을 것이다. 그래도 나는 여전히 학식만을 전하는 선생이 되어 학기별로 흘러가는 내 인생만 탓하며, 그저 타성처럼 강단을 지키고 있다.

배고픈 채로, 어리석은 채로

사랑하는 나의 조카 범서에게.

꽃샘추위라지만 그래도 봄은 봄인가 보다. 코끝을 스치는 바람에 실리는 향기가 싱그럽고 캠퍼스의 젊은이들 얼굴마다 환한 미소가 눈부시다.

모든 것이 생동하는 이 아름다운 계절 속에 한껏 웅크리는 젊음, 네가 있구나. 원하던 대학에 합격하지 못하고 또다시 방황과 불확신의 1년을 시작하는 네게 무언가 할 말이 있을 법도 한데, 삶의 연륜이라는 게 허무하기 짝이 없어서 네 힘든 여정을 안내할 지도를 만들어줄 수가 없단다. 그래서 범서야, 오늘 나는 네게 글 하나를 소개하려고 한다. 애플컴퓨터의 창시자 스티브 잡스가 2년 전◆ 스탠퍼드대학에서 졸업생들에게 연설한 내용이란다.

◆ 2005년

저는 대학 졸업식에 참석한 적이 없습니다. 대학을 졸업한 적이 없기 때문입니다. 미혼모인 제 생모는 양부모가 저를 꼭 대학에 보내겠다고 약속하고 나서야 입양을 허락했습니다. 그리고 그로부터 17년 후, 저는 대학에 들어갔습니다.

하지만 6개월 만에 자퇴했습니다. 제가 진정 하고 싶은 일이 무엇인지, 대학 교육이 제게 어떤 도움이 될지 확신이 없었기 때문입니다. 당시에는 두려웠지만, 돌아보면 제가 인생에서 내린 최고의 결정 중 하나였습니다. 기숙사에서 지낼 수 없었기 때문에 친구 집 거실에서 잠을 잤고, 빈 콜라병을 모아 병당 5센트를 받고 넘겨 먹을 것을 샀고, 한 끼 식사를 위해 10킬로미터를 걸어서 힌두교 예배에 참석하곤 했습니다.

자퇴를 하고 나니, 재미없는 필수과목 대신 듣고

싶었던 강의를 청강할 수 있었습니다. 당시 저는 특히 서체 과목에 매료되었는데, 그때만 해도 그것이 제 인생에 어떤 역할을 할 거라고는 생각조차 못 했습니다. 그런데 10년 후, 매킨토시 컴퓨터는 미려한 서체를 가진 최초의 컴퓨터가 되었습니다.

운 좋게도 저는 인생에서 하고 싶은 일을 일찍 찾았습니다. 나이 스무 살에 부모님 차고에서 '애플컴퓨터'를 시작했습니다. 10년 만에 '애플'은 4천 명 이상의 직원을 가진 20억 달러짜리 회사로 성장했습니다.

그러나 서른 살 때 저는 해고를 당했죠. 스스로 창업한 회사에서 어떻게 해고를 당하느냐고요? '애플'의 규모가 점점 커감에 따라 동업자를 영입했는데, 견해가 엇갈리기 시작했고 결국에는 불화로 발전했습니다. 그런데 회사의 이사진은 그쪽 편을 들었지요. 몇 달 동안 무엇을 해야 할지 몰라 앞이 깜깜했습니다. 그러나 저는 여전히 제가 하던 일을 사랑했습니다. 그래서 다시 시작하기로 마음먹었습니다.

당시에는 몰랐지만, '애플'에서 해고당한 사건은 돌아보면 제 인생 최고의 사건이었습니다. 성공이라는 부담을 벗고 홀가분하게 초보자로 다시 돌아가 제 인생의 가장 창의적인 시기로 접어들게 되었습니다. 그로부터 5년간 '넥스트'와 '픽사'를 창업했고, 픽사는 세계에서 가장 큰 애니메이션 제작사가 되었습니다. 그리고 다시 '애플'로 돌아왔습니다. 그 경험은 지독하게 입에 쓴 약이었지만, 필요한 약이었습니다.

때로 삶은 벽돌로 당신의 머리를 내리칩니다. 하지만 결코 신념을 버리지 마십시오. 제가 어렸을 때,

《지구백과》라는 책이 있었는데 우리 세대의 바이블이었지요. 책으로 된 '구글' 같다고 할까요. 그 책의 뒤표지에는 이른 아침 시골길 사진 아래 '늘 배고픈 채로, 어리석은 채로 남기를◆'이라는 글이 적혀 있었습니다. 늘 배고픈 채로, 늘 어리석은 채로. 저는 제 자신이 그러기를 소망했습니다. 그리고 저는 여러분께 말하고 싶습니다. 늘 배고픈 채로, 어리석은 채로 남으십시오.

범서야, 삶은 마치 조각 퍼즐 같아. 지금 네가 들고 있는 실망과 슬픔의 조각이 네 삶의 그림 어디에 속하는지는 많은 세월이 지난 다음에야 알 수 있단다. 지금은 조금 아파도, 남보다 조금 뒤떨어지는 것 같아도, 지금 네가 느끼는 배고픔과 어리석음이야말로 결국 네 삶을 더욱 풍부하게, 더욱 의미 있게

◆ Stay hungry, stay foolish.

만들 힘이 된다는 것, 네게 꼭 말해주고 싶단다. 젊은 너는 네 삶의 배부름을 위하여, 해박함을 위하여 행군할 수 있는 시간과 아름다운 용기가 있기에.

마음의 냄새를 아십니까

보통 우리는 냄새를 묘사할 때 좋다, 나쁘다, 향기롭다, 역겹다 등의 객관적 형용사를 쓴다. 그렇지만 가끔 냄새에도 감정이 있다는 생각을 해본다. 즉 기쁜 냄새, 슬픈 냄새, 미운 냄새, 반가운 냄새가 있는 것이다. 물론 그것은 물리적인 사실과는 상관없이 각자의 경험에 의해 그 냄새에 감정을 투사하기 때문이다. 예를 들어 사랑하는 연인이 이별을 고하며 준 꽃 냄새는 아무리 아름다운 향기라도 영원히 슬픈 냄새로 기억될 수 있고, 어렸을 때 콩 서리하여 구워 먹다 새카맣게 타버린 콩 냄새는 그리운 냄새일 수 있다.

1학기가 끝나고 방학을 맞아 제대로 정리도 못 한 채 대충 짐을 싸 길을 떠났다. 비행기에 들어서자 익숙한 냄새가 났다. 그것은 바로 이별의 냄새, 동시에 가슴 설레는 희망의 냄새였다. 오래전 유학길에 오르며 처음으로 비행기를 탔던 때의 그 두려움, 슬픔 그리고 새로운 세계에 대한 기대와 설렘의 냄새…. 그 후에도 여러 번 비행기를 탔지만 언제, 어느 곳에서, 어떤 비행기를 타더라도 그 특유의 냄새는 늘 같은 추억을 불러일으킨다.

LA공항에서 밖으로 나오자 미국 특유의 공기 냄새가 났다. 엷은 화장품 냄새 같기도 하고 그냥 휑하게 넓은 공간을 스치는 바람 냄새 같기도 하다. 그것은 조금은 흥분되고 또 조금은 붕 뜬 느낌, 마음 한구석에 구멍이 뚫린 듯한 타향의 냄새다.

지금 나는 LA 근교의 산마리노에 있는 헌팅턴 도서관에 앉아 이 글을 쓰고 있다. 미국 문학 관련 책들을 보기 위해 고물 수동식 엘리베이터를 타고 지하 서가로 들어오는 순간 코를 스치는 독특한 냄새. 무어라 형용할 수 없는, 어딘지 축축하고 매캐

한 오래된 책 냄새다. 책 냄새를 맡고 가르치는 일이 내 직분임에도 불구하고 그저 이런저런 일에 부대끼고 시달리며 얼마간 까맣게 잊고 있던 냄새다.

서가를 훑어보는데 프랜시스 톰프슨이라는 영국 시인에 관한 책들이 꽂혀 있었다. 대학 다닐 때 영시 개론 시간에 톰프슨의 〈하늘의 사냥개The Hound of Heaven〉라는 시를 배운 적이 있다.

나는 그로부터 도망갔다. 낮과 밤 내내 그로부터 도망갔다. 시간의 복도를 지나 내 마음의 미로를 지나, 나는 그로부터 도망갔다. 그러나 그는 늘 내 곁에 있었다.

신과 인간의 관계를 재미있는 비유로 묘사한 이 시를 가르치며 교수님은 사람마다 독특한 마음의 냄새를 갖고 있다고 하셨다. 심통 난 사람은 심통 냄새를 풍기고, 행복한 사람에게서는 기쁜 냄새가 나고, 무관심한 사람, 이기적인 사람, 모두 다 주위에 마음이 체취처럼 풍긴다고 하신 말씀이 생각난다.

얼마 전 어떤 TV 프로에서 진행자가 병든 아버지와 동생을 부양하기 위해 피자 배달을 하는 청년을 인터뷰했는데, 그도 비슷한 말을 했다. 진행자가 꿈이 무엇이냐고 묻자 "좋은 냄새가 나는 가정을 갖고 싶습니다."라고 답했다.

"겨울에 오토바이를 타고 피자 배달을 다니면 정말 지독하게 춥습니다. 그런데 피자를 배달하기 위해 현관문을 들어서면 언제나 그 집 특유의 독특한 냄새가 있습니다. 집이 크든 작든, 비싼 가구가 있든 없든, 아늑하고 따뜻한 사랑의 냄새가 나는 집이 있는가 하면, 어딘지 냉랭하고 서먹한 냄새가 나는 집이 있습니다. 아늑한 냄새가 나는 집에서는 정말 추운 바깥으로 나오기가 싫지요. 저도 훗날 그런 가정을 꾸미고 싶습니다."

오래된 책의 향기 속에 파묻혀 앉아 새삼 나는 생각한다. 내 집의 냄새는, 아니 나의 체취는, 내 마음의 냄새는 무얼까.

그래도 선생님이 되렴

지난 학기에 내가 교육대학원 논문을 지도한 이 선생님은 나이가 좀 있는 분이었는데, 지방 도시의 어느 중학교에서 영어를 가르쳤다. '학습 부진아의 영어 교육 방법'이라는 주제로 동기 유발에 도움이 되는 연극 교안을 소개하면서 그런 활동을 통해 교사와 학생들이 더 가까워지고, 그래서 학습 효과도 더 컸다는 논지였다. 그런데 논문 심사 중에 교수님 한 분이 불쑥 물으셨다.

"교사와 학생이 가까워졌다는 것을 어떻게 증명하실 수 있습니까?"

이 선생님은 순간 당혹스러운 표정을 지었고, 나도 긴장했다. 한참 머뭇거리던 이 선생님이 갑자기 밝은 얼굴로 말했다.

"아! 전에는 안 그랬는데 요새는 우리 학생들이 뒤에서 '선생님!' 하고 쫓아옵니다."

그러자 심사 교수님은 "그런 것은 논리적인 답이 못 되고 논지의 유효성을 증명할 수 없다"며 정확한 통계나 수치를 제공하라고 하셨다.

지도교수로서 논리적 허점을 미처 발견하지 못한 책임이 있지만, 솔직히 말해 나는 이 선생님의 대답은 썩 훌륭했다고 생각한다. 학생들이 뒤에서 따라붙으며 "선생님!" 하는 것만큼 친밀도를 더 잘 증명하는 통계나 수치가 어디 있겠는가.

지난달 어느 일간지에 난 사교육비 경감 방안 공청회에 대한 짤막한 기사에는 공교육이 사교육에 밀려나는 와중에 학부모들도 일제히 학원 편을 들었다고 나와 있었다. "학원은 어떻게 하면 재미있게 가르칠까 연구한다. 예를 들면 학원 강사는 옷도 멋지게 입고 머리에 무스도 바르는데 학교 교사는 군자 같기만 하다. 학교가 '학생이 모르면 내가 죽는

다'는 각오로 가르칠 수 있는가?"라는 학부모 측의 말이 인용돼 있었다.

학원 선생은 멋지게 옷을 입고(40대 이후의 강사들은 주름살 제거 수술도 불사한다고 한다), 죽을 각오로 재미있게 가르치기 때문에 사교육을 선호한다는 게 좀 마음에 걸렸다. 서양 속담에도 '말을 물가로 끌고 갈 수는 있어도 마시게 할 수는 없다'는 말이 있듯이 선생은 학생에게 '앎'의 기회를 제공할 뿐 억지로 알게 할 수는 없다. 게다가 궁극적으로 공부란 인내와 사고력을 배우는 길인데 지적 호기심이 없는 단순한 재미 위주의 학습은 결국 한계가 있게 마련이다.

며칠 전에는 어렸을 때부터 선생님이 되고 싶었다는 민호가 진로 문제를 상담하기 위해 찾아왔다. 임용고사를 쳐서 합격했는데 동시에 대기업에도 취업이 되었다는 것이다.

"선생님, 요새 학생들은 학교보다 학원을 더 중요하게 생각한대요. 그래서 학교에 와서도 잠만 자거나 학원 숙제만 하는 애들도 많대요. 선생님이 보람 있는 직업인지 잘 모르겠어요."

나도 선뜻 "그래도 선생이 되라."는 말이 나오지 않았다. 신중하게 생각해서 결정하라는 말 외에는 할 말이 없었다.

그런데 오늘 저녁 〈골든벨을 울려라〉라는 TV 프로그램을 보는데 바로 이 선생님의 학교였다. 학교의 명예를 걸고 문제를 푸는 제자들을 안타깝게 지켜보는 선생님들을 유심히 보았다. 고개 숙여 기도하는 선생님, 너무 긴장해 땀이 번지르르한 얼굴에 입을 벌리고 있는 여 선생님…. 답을 맞힐 때마다 선생님들의 얼굴은 환희 그 자체요, 틀린 답이 나오면 절망의 한숨 소리가 터져 나왔다. 유행에 맞는 옷, 무스 바른 머리와는 거리가 멀었지만, 선생님들의 모습은 감동 그 자체였다. 나는 민호에게 전화를 했다.

"내가 생각해봤는데, 원래 네가 원하던 대로 선생님이 되는 게 낫겠다. 뭐니 뭐니 해도 핏줄 나누지 않은 관계 중에서 제일 가깝고 좋은 것은 스승과 제자 관계인 것 같아. 열심히 공부해서 실력 있는 선생, 특히 학생들이 뒤에서 따라붙는 선생이 되면 보람도 있을 거야."

"뒤에서 따라붙는 선생이 뭔데요?"

민호가 물었다.

손뼉 치는 사람으로 뽑혔어요

　나는 무엇이든 잘 잃어버리고 건망증이 심하기로 유명하다. 깨어 있는 시간의 반 이상은 무언가를 잊어버리거나 잃어버려서 안타깝게 찾으며 시간을 낭비한다. 기필코 이번만은 절대로 잃어버리지 않겠다며 안전하게 깊숙한 곳에 두고는 더 못 찾는 경우도 허다하다. 주변 사람이 보기에도 한심한지 꼭 기억해야 할 것을 적어두거나 목록을 만들어두는 게 어떠냐고 말하지만, 모르시는 말씀이다. 목록을 만들면 목록 자체를 잃어버리기 때문이다.

　그러니 하루하루 살아가며 소중한 시간을 낭비하는 것은 말할 것도 없고 늘 실수 연발에 노심초사, 그저 꽁지 빠진 닭처럼 돌아다니며 정신없이 살아간다. 오늘만 해도 중요한 회의를 깜박하는가 하면 지난주에 걷은 학생들 페이퍼를 치과에 가져갔다가 두고 왔다.

어렸을 때는 그래도 총기 좋다는 말을 들었는데 언제부턴가 나의 삶도 복잡해지고, 살아남기 위해 기억해야 할 것이 많아지면서 내 머리는 나름대로 반항하듯 오히려 모든 것을 기억하기를 거부해버린 것 같다.

그나마 크게 흉잡히지 않고 사는 것은 아마 내 직업 덕분이 아닌가 싶다. 일반적으로 교수라는 직업을 가진 사람들은 학문에 너무 열중한 나머지 건망증이 심하고 일상적인 일에 여러 가지 실수를 하기 때문이다. 그런데 솔직히 내 건망증은 학문적인 것과는 별 관계가 없다. 얕은 감상이나 사소한 잡념 때문일 뿐, 내가 쓰는 논문 주제나 강의에 대해 골똘하게 생각하느라 건망증 증세가 생긴 것 같지는 않으니 더더욱 슬픈 노릇이다.

이런 증상은 사실 어렸을 때부터 있었지만 요새

는 자연적인 노화 현상과 함께 정도가 더 심해지는 것 같다. 그래서 주위에 치매에 걸려 고생한다는 사람의 말을 들으면 남의 일 같지 않고, 수발들어줄 자식도 없으니 나중에 기관에 들어갈 목적으로 일흔 살에 타는 적금도 들어두었다.

얼마 전 어떤 잡지를 보니 치매 예방법이 나와 있었다. 호기심에 유심히 보았다. '하루 두 시간 이상씩 책을 읽는다', '의도적으로 왼손과 왼발을 많이 쓴다', '많이 웃는다', '오랫동안 혼자만 있는 생활을 피한다', '일회용 컵이나 접시를 쓰지 않는다', '가능하면 자주 자연을 접한다' 등등 어느 정도 상식적인 예방법이었다. 그런데 마지막이 재미있었다. '가능하면 자주 감동을 한다.'

감동을 많이 하라?

과학적으로 어떻게 설명되는지 모르지만 감동을

하면 치매가 예방된다는 점이 흥미로웠다. 마음의 움직임이 두뇌의 움직임과 직결된다는 말이다. 그렇다면 치매라는 병이 흔한 이유는 기계처럼 돌아가는 일상 속에서 언제부터인가 '감동'이 없어진 것과 상관이 있는지도 모른다. 그러니 치매에 안 걸리려면 감동을 많이 해야 한다. 그게 정말이라면 최근에 나의 치매 예방에 도움이 될 만한 정말 감동적인 이야기를 읽었다.

초등학교 3학년인 제이미는 공부는 잘 못해도 착하고 배려 깊은 아이였다. 제이미는 연말에 할 학예회 연극에서 배역을 맡고 싶어했다. 제이미의 엄마는 제이미가 연극에 참여하고 싶어 무척 큰 노력과 기대를 하기 때문에 혹시 배역을 맡지 못하면 실망할까 봐 노심초사하고 있었다.

배역이 정해지는 날, 방과 후에 제이미를 데리러 간 엄마는 조바심하며 차 안에서 기다렸다. 학교 정문을 나와 엄마에게 달려오는 제이미의 두 눈이 자부심과 흥분으로 빛났다.

"엄마, 알아맞혀보세요. 내가 이번에 무슨 역으로 뽑혔는지!" 제이미가 외쳤다. 속으로 안도의 한숨을 쉬는 엄마에게 제이미가 곧 덧붙였다.

"엄마, 나 손뼉 치고 응원하는 사람으로 뽑혔어요!"

제이미의 순진무구함이, 겸손이, '손뼉 치는 역할'을 소중하게 생각하는 모습이 내게 이렇게 감동스럽게 다가오는 건 왜일까.

너도나도 무대 위의 주인공이 되겠다고 서로 밀치고, 쟤보다 내가 더 잘났다고 목청껏 떠들면서, 응원하고 손뼉 치는 일은 짐짓 같잖게 여기고 무시하는 시대 탓은 아닐까. 손뼉 치는 역할도 훌륭한 역할로 대접받는 감동의 시대가 오면, 온 국민의 치매 예방에 도움이 되지 않을지.

자선의 참의미

영작문을 가르칠 때 내가 자주 인용하는 미국의 유명 수필가인 E. B. 화이트는 "인류나 인간Man에 대해 쓰지 말고 한 사람a man에 대해 쓰는 것"이 글을 잘 쓰는 비결이라고 했다. 즉 거창하고 추상적인 이론이나 일반론보다 각 개인이 삶에서 겪는 드라마나 애환에 대해 쓸 때만이 독자들의 공감을 살 수 있다는 것이다.

보스턴에서 고등학교 선생을 하는 미국 친구가 글 잘 쓰는 학생이라며 홍세희라는 한국 학생의 글을 보내왔다. 짧게 요약, 번역해 소개하자면 다음과 같다.

올해 예일어린이병원 성탄 파티 때 우리는 아이들 얼굴에 그림을 그려주기로 했다. 성탄 트리를 함께 만들고 나서 아이들은 줄지어 우리 앞에 섰다.

그림 그리기에 별로 소질이 없는 나는 내심 걱정이 되었다.

"무슨 그림 그려줄까?" 내가 묻자 첫 아이가 "눈사람이요!" 하고 대답했다. 나는 아이의 뺨에 흰색 동그라미 두 개를 그리고 검은색 눈과 입을 그려 넣었다. 아이는 거울을 보더니 흡족한 미소를 지었고 사실 내가 보기에도 썩 괜찮은 그림이었다.

다음에는 여자아이였는데 산타클로스를 그려달라고 했다. 눈사람보다는 어려웠지만 그래도 빨간색 삼각형 모자에 구름 같은 흰 수염을 그리자 아이는 신이 나서 뛰어갔다.

다음은 너댓 살로 보이는 흑인 아이였다.

"이름이 뭐니?"

"자마. 난 왼쪽 뺨에는 특공대 군인 아저씨, 오른쪽 뺨에는 파워레인저 로봇을 그려줘."

나는 난감하기 짝이 없었다. 하지만 이제 와서 못한다고 할 수 없는 노릇인지라 나름대로 정성을 다해 그렸다. 그러나 결과는 왼쪽 뺨에는 초록색 방울, 오른쪽 뺨에는 빨간색 방울이 하나씩 붙어 있는 형상이 됐다. 거울을 내밀며 나는 자마가 울음을 터뜨릴까 봐 겁이 났다. 그러나 놀랍게도 자마는 울음 대신 함박웃음을 짓더니 의자에서 펄쩍 뛰어내려 내 목을 꼭 껴안았다.

"너무 멋지다! 고마워요!"

결국 눈물을 흘린 것은 자마가 아니라 나였다. 부근의 빈민촌에 사는 이 아이들은 아마 우리가 준 선물 하나와 뺨의 그림이 이번 성탄절에 받는 선물의 전부이리라. 자마를 안고 나는 이야기 하나를 떠올렸다.

거센 폭풍우가 지나간 바닷가의 아침이었다. 태

양이 천천히 잿빛 구름을 뚫고 얼굴을 내밀기 시작했다. 한 남자가 해변을 걷고 있는데 열 살 정도의 소년 하나가 무엇인가를 미친 듯이 바다 쪽으로 던지고 있었다. 남자가 다가가 무엇을 하고 있느냐고 묻자 소년이 답했다.

"이제 곧 해가 높이 뜨면 뜨거워지잖아요. 그럼 여기 있는 모든 불가사리가 태양열에 죽게 될 테니까 이 불가사리들을 바다 속으로…."

남자는 크게 웃음을 터뜨리며 소년을 보고 말했다.

"애야, 이 해변을 봐라. 폭풍우로 밀려온 불가사리가 셀 수 없을 정도로 많은데 네가 하는 일이 무슨 소용이 있겠니?"

소년은 수긍이 가는 듯 잠시 생각에 잠기더니 다시 불가사리 하나를 집어 힘껏 바다로 던졌다. 불가사리는 첨벙 소리와 함께 시원스럽게 물속으로 들어갔다. 소년은 미소를 지으며 남자에게 말했다.

"적어도 저 불가사리에게는 소용이 있지요."

이 아이들은 내게 가르쳐주었다. 진정한 변화는 아이의 얼굴에 푸른색 방울을 그리는 것과 같이 아주 작고 구체적인 일에서 시작된다는 것을. 그것이야말로 자선의 참의미라는 것을. 자마는 나의 불가사리였다.

거리에는 다시 자선냄비가 등장했다. 어느 얼굴 모르는 학생의 글이 이렇게 마음에 와닿는 이유는, 걸핏하면 거창하게 사랑, 정의, 자선을 들추지만 막상 내 주변의 수많은 불가사리는 잊고 살았기 때문일 게다.

수난의 하루

오후 네 시, 은행에서 볼일을 마친 뒤 나오려고 문쪽으로 돌아선 때였다. 어떤 키 큰 청년이 무엇이 급한지 후다닥 뛰어나가다 내 목발 끝을 살짝 쳤다. 온몸의 무게를 목발 두 개에 의지하고 다니는 나는 그 자리에서 나동그라져 옆에 있는 정수기 모서리에 머리를 찧고 바닥에 널브러졌다. 순식간에 일어난 일이지만, 머리에 심한 충격을 받은 나는 구토가 심하게 나고 목 오른쪽이 너무 고통스러워 숨을 쉴 수도 없는 상태였다.

나를 친 청년은 연방 미안하다고 사과하며 "급해서 뛰어가다 목발 끝을 살짝 건드렸을 뿐인데…"라는 말을 연발했다.

넘어지는 데는 이골이 나고, 어렸을 때부터 이제까지 장시간의 대수술을 여남은 번 받은 경력의 소유자지만, 이번처럼 지독한 고통을 느껴본 것은 처음이었다. 누군가 119를 불렀고, 나는 응급실로 실려 갔다. 이리저리 몸의 위치를 달리하며 엑스선 촬영을 하는 동안 보호자로 따라온 학생 앞에서 체면 불고하고 절로 비명이 나오고 눈물이 줄줄 흘렀다.

오랜 시간 동안 진행된 이런저런 검사 끝에 결국 뼈에는 이상이 없고 목을 심하게 삔 것이라는 결과가 나왔다. 나는 목에 고정 장치를 한 채 진통주사를 맞고 병원을 나왔지만, "혹시 나중에라도 의식이 흐려지거나 하는 일이 있으면 곧장 병원에 다시 오십시오."라는 의사의 말이 조금 마음에 걸리기는 했다.

소위 나의 '가해자'는 "목발 끝을 그저 살짝 건드렸을 뿐인데…"라고 '살짝'을 계속 강조했지만, 아무리 살짝이라도 목발 짚은 사람의 목발을 친다는 것은 당사자에게는 치명적일 수 있다. 그대로 넘어져

시멘트 바닥에 머리라도 부딪치면 목숨과도 관계될 수 있기 때문이다.

 차를 학교에 두고 갔으니 택시를 타고 병원에서 집으로 오는데 기사 아저씨가 무슨 사고를 당했느냐고 물었다. 누가 목발을 쳐서 넘어졌다고 하자 기사 아저씨가 혀를 차면서 바로 그날 오후에 만났던 어느 할머니 이야기를 했다.

 작은 영세상들이 다닥다닥 붙어 있는 남대문시장 뒷골목에서 작은 노점판에 옷을 차곡차곡 쌓아두고 파는 할머니였다. 아저씨가 기사 식당에서 점심을 먹고 나오다가 목격한 광경은 이랬다. 어느 젊은이가 급하게 뛰어가다 할머니가 정성스럽게 쌓아둔 옷더미를 쳐서 옷이 풍비박산되었고, 몇 개는 진흙탕에 떨어져 버리고 말았다. 그런데 너무 급해 미안하단 말 한마디 없이 그대로 앞으로 내닫는 젊은이

뒤에 대고 할머니 왈, "녀석, 그렇게 바쁘면 어제 나오지 왜 오늘 나와?" 하더라는 것이었다.

"그 할머니 여유가 부럽고, 또 가슴 아팠죠. 하루 장사 망친 건데요. 이솝 우화에 왜 그런 얘기 있잖아요. 아이들이 장난삼아 던진 돌멩이에 개구리가 맞아 죽는 이야기 말이에요. 아줌마 목발 친 사람이나 할머니 옷 친 사람이나 일부러 그런 것은 아니겠지만 그래도 조금만 다른 사람도 쳐다보고 다니면 될 것을…"

기사 아저씨의 말이었다.

어쨌든 앞으로 한 달, 계속 물리치료 받으며 목에 고정 장치를 하고 다녀야 하는 정도로 나의 수난은 끝이 났다. 그래도 당시 '가해자'를 비롯해 주변 사람들이 많이 염려하고 도와주었고, 신속하게 서강대 동문회관으로 출동했던 119 구급대원분들, 친절하고 배려 깊게 대해준 강북 삼성병원 응급실 의사 및 간호사분들께 늦게나마 감사의 말을 전한다.

이번 일로 내가 배운 것은 정말 한 치 앞도 내다볼 수 없는 게 인생이고, 너무 극적인 비약인지 모르지만 언제 어떻게 될지 모르는 게 사람 목숨이라는 것이다. 이렇게 아픈 채로 누워 있노라니 앞으로는 나도 좀 착한 마음을 갖고 가끔씩은 좋은 일도 하며 살아야겠다는 생각이 든다.

그런데 가만있자, 이렇게 평상시와 다른 생각이 드는 것은 혹시 머리를 부딪쳐 의식이 흐려지고 있는 게 아닌지?

내가 저 사람이라면

 스승의 날이라고 현숙이에게서 축하 메시지가 왔다. 지금은 자기 분야에서 꽤 알아주는 최고경영자가 된 졸업생이다.

 선생님이 해주신 말씀, 가끔 생각합니다. 문학은 '내가 남이 되어보는 연습'이고 남의 아픔과 슬픔을 이해하는 마음이야말로 진정 아름다운 사람이 되기 위한 조건이라고 하신 말씀이요. 살아가면서 '내가 저 사람이라면…' 하고 생각하는 것, 그게 정말 많은 도움이 되는 것 같아요….

 며칠 전 일이다. 우리 집 앞은 4차로인데 내 차가 길 건너편에 주차돼 있어서 차를 타고 출근하려면 길을 건너야 했다. 그런데 여동생과 함께 길을 건너다 내 목발이 무언가에 걸려 넘어지면서 나는 길 위에 큰대자大로 널브러지고 말았다. 놀란 동생은 비명을 지르며 나를 일으키려고 안간힘을 썼다. 그 사이에 나를 가운데 두고 좌우 양쪽으로 차들이 정지했다. 동생은 겨우 나를 앉히고 내 겨드랑이 밑으로 손을 넣어 일으켜 세우려고 안간힘을 다했지만 역부족이었다.

그때였다. 자동차 한 대가 요란스럽게 경적을 울렸다. 자기의 진행을 방해하니 빨리 없어지라는 경고였다. 동생이 죽을힘을 다하고 있는 것을 보고도 그 운전자는 다시 신경질적으로 오랫동안 경적을 울렸다. 그때 맞은편 자가용 운전자가 차에서 내려 동생을 도와 나를 일으켰다. 경적을 울렸던 차는 그 틈을 타서 잽싸게 떠났다. 낡은 포텐샤였고, '라 3×××' 번호판이었다.

나는 다행히 별로 큰 상처 없이 일어나 도와준 운

전자에게 감사의 인사를 하고 출근했지만, 종일 그 포텐샤 운전자가 생각났다. 넘어진 사람을 일으켜 주는 것은 인간의 본능이 아닐까. '내가 만약 저 사람이라면, 저렇게 길바닥에 넘어져 일어서지도 못한다면 얼마나 당혹스럽고 슬플까.' 하는 측은지심도 없었을까.

어제는 중증 장애를 가져서 서강대 학부와 대학원까지 6년 내내 어머니와 함께 학교를 다닌 진석이에 관한 소식을 들었다. 어머니의 지극정성으로 결석은 물론 지각 한 번 없이 컴퓨터학 석사 학위를 받았고, 올 봄 졸업하자마자 국내 최고 인터넷 기업 N 사에 당당히 합격해 우리 모두 함께 기뻐했었다 (진석이에 관한 이야기는 여러 일간지나 방송에서도 이미 많이 다루어져서 새삼 이야기할 필요가 없을 정도다).

서강대 근처에서 6년을 산 진석이네는 경기도 성

남시 분당에 위치한 회사 근처로 가기 위해 인접 지역인 광주의 H 아파트로 이사를 했다. 그런데 아는 이웃이 없는 곳에서 도와주는 사람 없이, 어머니 혼자 아침에 진석이를 출근시키기 위해 휠체어에서 차로 옮겨 태우는 게 문제였다. 덩치가 있는 진석이에 비해 어머니는 몸집이 작아 혼자 힘으로는 그런 일이 불가능했다. 어머니가 쩔쩔매는 모습을 보고 경비원이 도와줘서 진석이는 며칠 동안 무사히 출근할 수 있었다.

한데 문제는 다음이었다. 아파트 주민들이 '전체 주민을 위해서 일해야 하는 경비원이 마치 진석이 개인의 고용인처럼 진석이를 돕는다'고 불평했고, 관리소 측에 진석이 돕는 일을 더는 계속하지 말라고 탄원했다는 것이다.

진석이 친구를 통해 이 이야기를 전해 들은 나는

참으로 황당했다. 물론 아파트 주민 전체가 비용을 대서 고용한 경비원이지만, 그래도 내 시간과 노력을 들여 도와달라는 것도 아닌데 그렇게까지 야박하게 해야만 했을까. '내가 저 어머니라면 장애인 아들을 차에 옮겨 태우지 못해 얼마나 안타까울까.'라고 생각해줄 수는 없었을까.

나나 진석이나 몸으로 할 수 없는 일이 많다 보니 남의 도움을 필요로 하는 경우가 종종 생긴다. 넘어지면 도와줘야 일어날 수 있고, 혼자 힘으로는 휠체어에서 차로 옮겨 탈 수도 없다. 하지만 몸으로는 할 수 없어도 마음으로 또는 지력으로 남을 도울 수는 있다.

세상일을 누가 아나—내가 나만의 재능과 노력으로 그 포텐샤 운전자를 도울 일이 있을지도 모르고, 진석이가 훌륭한 인터넷 프로그램을 개발해 H 아파트의 주민들뿐 아니라 우리나라, 아니 전 세계 사람들에게 도움을 줄 수 있을지도 모른다.

  물론 지금 당장 나의 편리, 나의 이해관계를 먼저 생각하는 건 인지상정이다. 내가 감히 그 포텐샤 운전자에게, 광주 H 아파트 주민들에게 무슨 말을 할 수 있을까. 단지 우리 학생들에게 '내가 만약 저 사람이라면 얼마나 슬플까'를 생각할 줄 아는 마음을 가르치는 것, 그것만이 내가 할 수 있는 일이다.

"내 뒷사람 겁니다!"

어김없이 세월의 수레바퀴는 다시 한번 돌아서 이제 이틀 후면 새해를 맞이한다. 1년 전 '혹시나' 하고 시작한 해였지만 다시 한번 '역시나'로 끝나 회한이 앞선다. 혹시 새해에는 정치권이 조금 잠잠해질까, 혹시 새해에는 나도 집을 살 수 있을까, 혹시 새해엔 행운이 무더기로 쏟아지지 않을까, 백마 탄 왕자가 나타나지 않을까…. 수많은 기대로 시작했지만, 정치권도 부동산 정책도 그리고 나 개인도 실패와 실수를 거듭하고 다시 '역시나'로 끝나는 해였다.

그런데 참 이상하다. 사실 따지고 보면 어제와 다를 것 없는 똑같은 하루의 시작이지만 새해 새날은 새로운 희망을 준다. '새해'의 '새' 자는 우리에게 다시 꿈꿀 수 있는 자격을 부여하기 때문이다. 이제까지의 잘못을 모두 없던 일로 돌리고 다시 시작할 수 있을 것 같은 넉넉함, 이 세상의 모든 소망을 다 가져도 될 것 같은 부유함, 그리고 앞으로 1년이라는 시간이 공짜로 주어진 듯 모든 소망을 내가 다 성취할 수 있을 것 같은 자신감을 만끽할 수 있는 소중한 시간이다.

어제 미국 친구에게서 온 메시지에는 〈새해를 준비하는 마음New Year〉이라는 진 켄워드의 시가 적혀 있었다.

낡은 것들은 노래하는 마음으로 뒤로하고

옳은 사람들은 기억하고 그릇된 사람들은 용서하고

지나가버린 시간에 당신을 묶어놓는 후회들은 다 잊어버리고

가치 없는 것들에 집착한 나날은 미련 없이 내어

놓고

  용기 있게 진정한 목적의식으로 앞을 향하고

  새해가 펼치는 미지의 임무를 향해 가며

  이웃의 짐을 나누어 들고 함께 길을 찾고

  당신의 작은 재능이라도 이 세상을 응원하는 데 보태는 것

  그게 바로 새해 복을 받고 복을 주는 겁니다.

이 중에서 마지막 부분, '당신의 작은 재능이라도 이 세상을 응원하는 데 보태는 것'이 복을 받고 또 남에게 복을 주는 길이라는 말이 새삼스럽다. 사실 위대한 사람들이 위대한 재능과 권력으로 모든 것을 좌지우지하는 세상에 우리 같은 보통 사람이 보잘것없는 재능으로 무엇을 해보았자 표시도 안 나고 알아주는 사람도 없지만, 시인은 바로 그게 새해

복을 받는 길이라고 말한다.

 샌프란시스코에는 다리가 많은데, 샌프란시스코 시내에 직장을 둔 사람이 차를 타고 다리를 건널 때 1달러가량의 통행료를 내야 한다. 가끔씩, 크리스마스나 추수감사절 같은 명절날, 어떤 때는 무슨 특별한 날이 아닌데 재미있는 일이 벌어진다고 한다. 톨게이트에서 어떤 기분 좋은 운전자가 2달러를 내면서 "내 뒷사람 것까지요." 하고 가면 징수원이 뒤차 운전자에게 "앞차가 내고 갔어요."라고 말한다. 뒤차 운전자는 자신이 준비했던 1달러를 내면서 "그럼 이건 내 뒷사람 겁니다."라고 말한다. 그래서 때로는 하루 종일 "내 뒷사람 겁니다."가 이어진다는 것이다. 한 사람이 시작한 선의가 릴레이식으로 다음 사람에게 전달되고, 똑같이 1달러를 내면서도 꼭 내야 하는 통행세가 아니라 내가 주는 선의의 표시가 되고, 그래서 "내 뒷사람 겁니다."라고 말하는 사람마다 얼굴에 밝은 미소를 짓는다는 말이었다.

'작은 재능이라도 이 세상을 응원하는 데 보태는 것'은 이런 걸 말하는 게 아닌지 모르겠다. 권력 많은 사람이 큰 목소리로 쉴 새 없이 떠들어대고 돈 많은 사람은 돈 때문에 이런저런 말썽에 휩싸여 온 나라가 시끌벅적하지만, 우리는 우리의 작은 재능으로 선의의 릴레이를 만들면서 세상을 응원하는 것, 그게 내 복을 챙기는 길인지 모른다.

내년 이맘때쯤 지금같이 '혹시나' 했더니 '역시나'가 되었다고 말한다 해도 상관없다. 새해에는 새해의 태양이 뜨고, 우리에겐 세상의 모든 소망을 다 가질 수 있는 무한 권한이 있다. 정치권이 잠잠하리라는 바람은 아예 접어둔다 쳐도, 또다시 소망해본다. 집 안 사고 기다렸으니 혹시 새해엔 집을 살 수 있을까, 혹시 행운이 무더기로 쏟아질까, 혹시 백마 탄 왕자가 나타날까….

영어 때문에 재능 묻히면 안 돼요

미연 양에게.

이제 막 초등학교를 졸업하고 중학생이 된다고, 내가 쓴 교과서로 영어를 배우게 됐다고 내게 이메일을 준 미연 양, 우선 축하의 마음부터 전해야겠지요? 우리는 늘 '초등학교 어린이'라고 말하는데 중학생이 된다는 것은 이제 '어린이'에서 벗어나 어쩌면 미연 양의 삶에서 가장 중요한 배움과 경험을 시작하는 시기라고 할 수 있지요.

미연 양은 말했지요. 중학교 때 모든 시간과 노력을 다해서 생활 영어를 마스터하고 어른이 되어 성공하고 싶다고. 아마 요즈음 언론에서 하도 많이 '생활 영어'의 중요성을 강조해서 어린 미연 양이 그런 생각을 하게 됐는지도 모르겠군요. 그런데 미연 양, 선생님은 미연 양의 그 비장한 결심이 기특하기도 하지만 조금은 걱정된답니다.

미연 양, 궁극적으로 우리가 영어를 배우는 이유는 무엇일까요? 우리는 단지 '생활 영어'를 잘하려고 영어를 배우는 것은 아니지요. 우리는 단일민족으로 다언어 국가가 아니고 우리 모두가 소통할 수 있는 우리말을 두고 우리끼리 영어로 말할 필요는 없으니까요. 우리 모두가 외국인 가이드가 될 것도 아니고, 외국에서 배낭여행을 하거나 더 편리하게 오렌지를 사 먹기 위해서 영어를 배우는 것도 아닙니다.

단순히 일상생활만을 하기 위한 '생활 영어'라면 실제로 영어권 나라에서 살면 극히 짧은 시간 내에 배울 수 있습니다. 하지만 우리가 학교에서 영어를 배우는 이유는 더욱 당당하게 우리의 정체성을 갖고, 세계에 한국과 한국 사람을 내세우기 위함입니다. 영어로 수집돼 있는 고급 정보를 더 편리하게 흡수하고 그것을 기반으로 나만의, 즉 한국어를 모국어로 하는 한국 사람 김미연의 실력을 다지고 전파하기 위한 방편입니다.

미연 양, 콘텐츠라는 말 알지요? 즉 '어떻게 말하는가' 이전에 '무엇을 말하는가'에 대한 준비가 돼 있어야 합니다. 여러 분야의 책을 읽어서 상상력과 지식을 키우고, 창의적이고 재미있는 아이디어를 많이 생각하며, 다양한 경험을 하고 교양을 쌓아서 미연 양이 갖고 있는 재능, 즉 미연 양의 콘텐츠를 계발하는 일이 영어를 배우는 일보다 더 우선돼야 합니다.

모든 사람의 재능이 다 같을 수는 없습니다. 선생님이 미연 양 나이일 때 이미 숫자에는 거의 백치임이 판명됐고, 다소 언어에 재능이 있고 문학이 좋아 나는 문학을 공부하는 것을 꿈꾸었습니다. 그래서 언어는 미적분을 몰라도 내 분야에서 큰 과오 없이 나름대로의 역할을 할 수 있는 기반이 됐습니다. 미연 양이 언어보다 숫자나 미술, 음악에 재능을 갖고 있다면 영어를 배우기 위해 그 재능을 소홀히 하는 것은 큰 낭비입니다.

미연 양이 앞으로 3년 동안 배울 영어 교과서를 쓴 사람으로서 이런 말을 하는 것은 자가당착적인지 모르지만, 나는 미연 양이 모든 시간과 노력을 영어에만 바치는 것을 원치 않습니다. 단순히 기능적으로 영어만 잘하는 바보가 되는 것은 미연 양 스스로를 위해서 그리고 나라를 위해서도 아주 끔찍하고 슬픈 일이기 때문이지요.

미연 양, 오해는 하지 마세요. 물론 영어를 하지 말라는 말은 아닙니다. 단, 영어만이 능사가 될 수는 없다는 말이지요. 영어는 단지 수많은 의사소통 도구 중 하나일 뿐, 절대 목적이 될 수는 없습니다. 우스갯소리이지만 미국에 가면 지하철의 거지도, 거리의 부랑자도, 차이나타운의 갱도 다 영어를 하지요. 하지만 아무리 유창하게 영어를 해도 지식과 교양이 없는 사람, 생각이 없는 사람, 마음이 없는 사람의 말은 아무도 듣지 않습니다. 결국 미연 양이 말하는 '성공'을 하기 위한 기본 조건은 절대로 영어 그 자체가 아니라는 말이지요.

영어를 배우든 그 무엇을 하든 남보다 좀 더 많은 지식을 바탕으로 좀 더 깊이 분석적으로 생각할 수 있는 머리, 남보다 좀 더 새롭게 세상을 볼 수 있는 창의적인 눈, 무엇보다 내가 갖고 있는 것을 남에게 나눠주고 싶은 나눔의 마음이 있어야 진정한 리더가 될 수 있습니다.

새봄과 함께 새로운 여행을 시작하는 미연 양, 이

세상의 모든 지식과 가능성에 마음을 열고, 큰 꿈을 이루고 큰 사랑을 나누는 아름다운 한국인으로 성장하기를 기원합니다.

요즘 젊은것들, 참 괜찮다!

 가끔 "요새 젊은것들은…" 하는 소리를 듣는다. 젊은이들과 함께 생활하는 사람으로서 요새 젊은이들에 대해 얘기해달라는 말도 듣는다. 그래서 새삼 생각해보면 분명 '세대차'라는 것이 있다. 우선 매 학기 첫 시간에 들어가면 학생들의 외모가 눈에 거슬릴 때가 많다. 멀쩡한 머리를 금발로 물들이거나 남학생들도 귀걸이를 하는 건 보통이고, 강의를 들으면서 음료수를 홀짝홀짝 마시며 빤히 쳐다보질 않나, 수업에 늦어도 아무렇지 않은 듯 슬슬 걸어 들어오고, 가슴이 너무 많이 파인 옷을 입는 등 나의 '구세대적' 통념으로는 이해할 수 없는 모습이 많다.

 봄 학기에 가르치는 '영문학 개론' 시간에 나는 헤밍웨이의 〈깨끗하고 밝은 곳A Clean, Well-Lighted Place〉이라는 단편을 읽히곤 한다. 그 단편은 팔십 노인이 혼자 카페에 앉아서 술을 마시고 있는 것을 두 명의 웨이터—한 명은 늙고 다른 한 명은 젊은—가 바라보며 노인에 대해 아주 대조적인 태도를 보이는 것을 줄거리로 하고 있다.

주제 토론을 시키기 위해 나는 조별로 '젊은 사람과 늙은 사람의 차이'를 적어 내게 하는데, 영어로 쓴 내용이지만 학생들 특유의 구체적 예와 내용이 재미있어 우리말로 옮겨본다.

젊은 사람들은 청바지를 입고 늙은 사람들은 빨간 넥타이를 맨다.

젊은이들은 할 일이 많아 빨리 걷고 늙은 사람들은 그저 걷는 것을 즐기면서 천천히 걷는다.

젊은이들은 늦게 자고 늦게 일어나고 노인들은 일찍 자고 일찍 일어난다.

젊은이들은 낭만적이라 비 오는 날을 좋아하고 노인들은 관절염 때문에 비 오는 날을 싫어한다.

젊은 사람들은 연상의 여자와 사랑에 빠지기도 하지만 늙은 사람들은 연하의 여자만 좋아한다.

젊은 사람들은 컴퓨터가 없으면 못 살고 노인들은 TV가 없으면 못 산다.

젊은 사람들은 헤비메탈을 좋아하고 늙은 사람들은 발라드를 좋아한다.

젊은 사람들은 친구를 군대에 보내지만 노인들은 친구를 천국에 보낸다.

이런 구체적인 예 외에 좀 더 근본적으로 한쪽 세대를 비판한 예도 있다.

젊은이들은 운명을 개척하려고 노력하지만 늙은

사람들은 운명에 복종한다.

젊은이들은 이상적 세계를 꿈꾸지만 노인들은 있는 그대로 받아들인다.

젊은이들은 정직하지만 구세대는 가끔 위선적이다. 그러나 젊은이들은 구세대를 이해하려는 노력과 존경심도 결코 잊지 않는다.

노인들은 몸은 약해도 정신은 강하지만 젊은이들은 몸은 강해도 정신력이 약하다.

노인들은 자신감이 없지만 그것은 삶의 슬픔과 고통을 알기 때문이다.

노인들이 항상 '나 젊었을 때는'이라고 말을 시작하는 게 끔찍하지만 그들이 삶에 대해 많이 안다는 것은 부정할 수 없다.

노인들은 도대체 패션을 이해하지 못하지만 너무 가난하게 살아 옷을 살 여유가 없어 경험이 부족해서 그렇다.

젊은이들은 경솔하고 경박하지만 노인들은 현명하고 사고가 깊다.

젊은이들은 먼저 행동하고 난 후에 사고하지만 노인들은 생각하고 나서 행동한다.

노인들은 삶의 기다림에 익숙해 인내심이 깊지만 젊은이들은 성급하고 인내심이 부족하다.

고등학교를 갓 졸업한, 채 스물이 안 된 학생들의 세대차 분석은 한마디로 재미있고, 명쾌했으며, 중요한 것은 그들의 이상한(?) 외모처럼 이상하지 않고 참 건강하다는 것이다.

사실 세대차 문제는 인간의 역사가 시작되고부터 생겼을지 모른다. 일설에 의하면 알타미라 동굴 속에도 "요새 젊은이들이 너무 버릇없고 성숙하지 못해 큰일이다. 미래가 걱정이다."라는 말이 새겨져 있다고 한다. 미래가 걱정될 정도로 그때의 젊은이들이 성숙하지 못했다면 아마 지금쯤 우리는 존재하지 않을 것이다.

그래서 겉모습만 보고 보통 학기 초에 '이 애들을 데리고 한 학기를 어떻게 지내나.' 하며 한숨을 쉬지만 시간이 감에 따라 그건 노파심이었고, 젊은이들도 나름대로 열심히 공부하고 각기 비전과 고뇌가 있으며 건설적인 사고를 하고 있음을 깨닫게 된다.

이제 그들의 자유분방함과 생기발랄함, 황당무계함에 울고 웃던 한 학기를 다시 추억 속으로 접으며 나는 생각한다. 1970년대 미니스커트에 장발이 풍기 문란이고 '이상한' 모습이라고 경범죄로 잡혀가며 "요즘 젊은것들은…"을 귀 따갑게 듣던 게 바로 우리 세대인데, 그게 바로 엊그제 같은데 어느덧 "나 젊었을 때는…"으로 말을 시작하다니 참 세월 한 번 빠르다.

'다르게' 생각하라

 안식년을 맞아 미국의 고도 케임브리지에 온 지 두 달 가깝다. 미국으로 유학을 왔었고, 그 후에도 방문차 몇 번 오긴 했어도 인연이 닿지 않아 이곳에 오기는 이번이 처음이다. 공항에서 나와 차를 타고 시내로 들어오면서부터 나는 이미 이곳에서의 나의 생활이 순탄치 않을 것을 예감했다. 어디를 보나 비슷해 보이는 고색창연한 건물에 거미줄과 같은 일방통행 도로…. 거의 병적일 정도의 방향치인 내가 살기에 이 도시는 너무나 복잡한 미로 같은 곳이다.

 이곳에서 운전을 시작하는 내게 길을 가르쳐주어야 하는 '사명'을 받은 친구 남편 송 선생은 하버드 스퀘어를 예닐곱 번 돌고 나서도 여전히 엉뚱한 길로 방향을 트는 나를 두고 한숨지으며 담배만 뻑뻑 피워댔다.

 "장 선생님의 두뇌는 좀 남다른 데가 있는 것 같

습니다."

오죽 답답하면 송 선생이 농담 반 진담 반으로 한 말이었다. 그러나 답답하기로 치면야 나보다 더할까. 궁여지책으로 내가 아이디어를 냈다.

"저는 동서남북은 전혀 가늠 못 하고 지도를 볼 줄도 모르지만, 소설책을 본 감이 있어 무엇이든 내용 있는 글은 잘 기억합니다. 예를 들어 간판의 광고문이라든가 재미있는 상호라든가 하는 것은 다 기억할 수 있어요."

이 말에 힘을 얻은 송 선생은 새로운 방법으로 내게 길을 다시 가르치기 시작했다.

"오른쪽 케임브리지 평생교육원 앞에 '21세기에 살아남고 번성하는 길'이라고 써 있는 입간판이 있죠? 거기에서 우회전합니다. 그러고 나서 왼쪽으로 '피자가 제일 맛있는 집'이라고 써 있는 건물을 끼고 좌회전하세요. 그러면 정면으로 은행 간판 밑에 애플컴퓨터 광고로 '다르게 생각하라Think Different'가 써 있죠? 그게 보이면 제대로 오신 겁니다."

그래서 요즈음 내가 학교에 갈 때마다 길을 '제대로' 찾았는가 확인하는 지표는 바로 '다르게 생각하라'라는 슬로건이다. 어떻게 생각하면 애플컴퓨터답다는 생각이 드는 것이, 보통은 '사과' 하면 빨간 동그라미에 꼭지 한 개 달린 것을 떠올리는데, 한 입 베어 먹은 반쪽 사과를 생각했다는 것 자체가 남과 '다르게' 생각한 재미있는 발상이다.

'다르게 생각하라'…. 새삼 생각하면 많은 뜻을 함축한 말이다. 집단적 사고에서 벗어나 남보다 조금 더 창의적으로, 한 번쯤 다른 방향으로, 조금은 엉뚱하게 생각해보라는 말이다. 그러나 '다르게 생각한다'는 것은 한 집단에서 이질감, 소외감, 부조화를 불러일으키고 소위 '왕따' 당할 수 있는 요인도 되므로 '다르게 생각할 수 있는 용기를 가지라'는 말도 된다.

다양성을 기초로 시작한 나라이니만큼, 개개인의 '다름'을 인정할 뿐 아니라 다르게 생각할 수 있는 용기와 자유를 권장하는 것은 아마도 미국이 미국일 수 있는 가장 중요한 원동력일 것이다. 다른 모습, 다른 문화, 다른 언어 그리고 다른 생각을 자연스럽게 받아들이고, 그 '다름' 속에서 통일성을 찾으며 변화의 기조로 삼는 것이다.

오늘은 학교 가는 길에 조금 시간의 여유가 있어 잠깐 차를 세우고, 이제껏 제목만 보고 우회전의 지표로 삼아왔던 '21세기에 살아남고survive 번성하는 thrive 길' 아래 적힌 말들을 읽어보았다. '에너지와 활력, 창의력과 비판적 사고, 열린 마음과 변화할 수 있는 능력, 문화의 흐름을 감지할 수 있는 능력'이라고 적혀 있었다. 결국 '다르게 생각하라'는 말과 일맥상통한다.

방향감각에 관한 한 남다른 두뇌를 가진 나지만, '다르게 생각하는' 창의력은 별로 없는데, 매일 보는 나의 길의 지표가 생각의 지표가 되어 급변하는 21세기에 살아남을 수 있는 힘을 기를 수 있었으면 좋겠다.

듣기 좋은 말

도서관에 있다가 답답해서 잠깐 바깥 벤치에 앉아 있는데, 한국 사람처럼 보이는 남자 두 명이 바로 옆 벤치에서 무언가에 대해 열심히 얘기하고 있었다. 너무 가까이에 있었기 때문에 본의 아니게 내가 들고 있는 책보다 그들의 말에 더 주의가 쏠렸다.

"그래서, 그 친구 책 새로 나온 거 봤어?"

"나한테 한 권 보내왔더라고. 대충 훑어보기만 했는데, 그저 그래."

"나도 자세히는 안 봤는데 표지가 그게 뭐야. 촌스럽기는."

"더 웃기는 게 뭔지 알아? 출판사 이름을 영어로 번역해서 마치 외국 출판사인 것처럼 했어."

"이게 네 번째 책인가? 계속 똑같은 말이잖아, 결국."

아마도 같은 학계의 동료가 낸 책에 대해 이야기

하고 있는 모양인데, 그들이 한참 동안 쏟아붓는 비난은 듣기에도 민망할 정도로 학문적인 분석보다는 감정이 앞서 있었다. 아무리 책이 탐탁지 않다 해도 한국에서 보내준 성의를 봐서라도 듣기 좋은 말 한마디쯤 할 수도 있을 텐데, 처음부터 끝까지 거의 비난을 위한 비난이었다. 문득 사람들이 남을 칭찬하는 데 참 인색하다는 생각이 들었다.

얼마 전에 어떤 심리학 관련 잡지에서 재미있는 통계를 본 일이 있다. 고속도로에서 여자들이 엄지손가락을 올려 자동차를 얻어 타는 히치하이킹의 성공 확률은 가슴 사이즈와 비례하고, 남에게 듣기 좋은 말로 칭찬을 하는 것은 아이큐 지수와 반비례한다는 것이다. 즉 그 기사에 의하면 아이큐가 높을수록 남을 칭찬하는 일에 인색하다. 얼마나 신빙성이 있는 말인지 증명할 길은 없지만, 그냥 상식적으로 생각해도 아주 틀린 말은 아닌 듯하다. 학계나 정계, 언론계에 있는 사람들, 즉 소위 일류 학교를 나오고 아이큐가 높은 사람들의 집단일수록 남을 좋게 말하거나 칭찬하는 것을 본 기억이 별로 없다. 남을 헐뜯고, 독침을 쏘고, 직설적으로 받아쳐야 자신이 상대적으로 우위에 서게 되는 것이 이 세계의 생리이고 생존 원칙이기 때문이다.

언어 면에서 보면 스페인 사람들이 가장 회화 기술이 뛰어난 민족이라는데, 칭찬을 많이 하는 것이 기본이 된다고 한다. 예를 들어 스페인 사람 집에 가서 "아, 이 집은 제가 방문했던 집 중 제일 아름답네요."라고 하면, 주인은 "당신이 와주셔서 훨씬 더 아름다워졌습니다."라고 답한다는 것이다. 그렇지만 이런 칭찬이 우리 귀에 좀 낯간지럽게 들리는 것을 보면, 칭찬에 인색한 것은 아이큐보다는 어쩌면 우리의 정서와 더 관련이 있는지도 모른다. 남을 칭찬한다는 것은 포용력, 자신감, 남에 대한 배려를 의미하지만, 그런 마음의 여유를 갖기에 우리는 너무나 숨 가쁘고 각박하게 살아왔다.

미국의 중·고등학교에서 토론법을 가르칠 때 강조하는 말 중 하나가 "당신 말씀도 일리가 있습니다만…You have a point but…"이다. 즉 상대방의 논리를 분석, 부분적으로 인정할 것은 인정하고 그것을 근거로 다시 반론을 준비하는 짧은 휴지休止를 가지라는 것이다. 그것이 더욱 더 평화롭고 건설적인 토론을 할 수 있는 기본이 된다는 것이다.

그런데 이번 여름에 우리 주변을 둘러보면 어디에서나 무조건 "당신 틀렸어!You're wrong!"라는 고함 소리들뿐이다. 안 그래도 덥고 짜증 나는 여름이 더욱 견디기 힘들다.

오늘같이 후텁지근하고 불쾌지수 높은 날 "이번 일은 덕분에 잘되었군요", "열심히 일하는 모습 참 보기 좋습니다", "우리 함께 잘할 수 있을 겁니다"와 같은, 마음에서 우러나오는 듣기 좋은 말 한마디는 예쁜 꽃다발이나 얼음 콜라 한 잔보다 더 시원한 청량제가 될지도 모른다.

'둥근 새' 동화가 일러준 포기의 지혜

학교에서 미국 친구가 잠깐 어디 다녀온다며 여섯 살짜리 딸 시애나를 내 연구실에 맡기고 갔다. 달리 함께 할 일이 없어서 나는 시애나가 갖고 있던 동화책을 읽어주기로 했다. 제목은 《둥근 새 The Round Bird》였다.

작고 둥근 새가 있었습니다. 그 새는 몸이 동그랗고 날개가 작아서 날 수가 없었습니다. 하지만 둥근 새는 무슨 일이 있어도 꼭 날고 싶었습니다. 이런저런 시도를 다 해보았지만 날 수가 없었습니다. 둥근 새는 나무를 이용해보기로 했습니다. 그래서 아주 힘겹게 나무 위로 올라갔습니다. 그리고 안간힘을 다해 날개를 퍼덕여 날아보았습니다. 하지만 둥근 새는 그냥 떨어져버렸습니다. 마침 나무 밑에 나뭇잎이 수북이 쌓여 있어 다행이었습니다.

겨우 열두어 쪽에 불과한 이야기를 읽으며 나는 둥근 새가 마침내 날아오르는 장면이 언제 나올까 기다렸다. 나무 위로 올라갔다가 떨어지고, 올라갔다 다시 떨어지고, 마침내 다른 새처럼 창공을 날아가는 것이 당연히 이야기의 끝이라고 생각했다. 그런데 나는 이야기의 귀결에 놀라지 않을 수 없었다.

 이제 둥근 새는 자신이 아주 많이 원하고 노력을 해도 할 수 없는 일이 있다는 것을 알았습니다. 둥근 새는 나는 것을 포기하고 둥근 새만이 할 수 있는 일이 무엇인지 골똘하게 생각하기 시작했습니다.

 이게 끝이었다.
 이야기를 마치고 나는 시애나에게 말했다.

"이게 끝이야. 근데 둥근 새가 다른 새처럼 날아가는 게 끝이었으면 좋을 텐데. 그치?"

나의 말에 시애나가 의아한 듯 대답했다.

"왜요? 둥근 새는 날지 못하지만 아마 둥글둥글 잘 구를걸요."

미국의 유명한 동화 중에 《꼬마 기차The Little Engine That Could》라는 이야기가 있다. 산 너머에 사는 어린 아이들에게 장난감을 갖다주는 기차가 엔진 고장으로 중간에 서게 된다. 지나가는 번쩍거리고 멋진 새 기차에게 대신 장난감 운반을 부탁했더니 화물차가 아니라고 거절당하고, 크고 힘 좋은 화물차에게 부탁했더니 가는 길이 다르다고 거절당한다. 결국은 아주 조그맣고 보잘것없는 꼬마 기차에게 부탁하고, 그 꼬마 기차가 최선을 다해 산을 넘어 장난감을 배달했다는 이야기다.

꼬마 기차가 힘겹게 산을 넘어가면서 되풀이하는 말, "난 내가 할 수 있다고 생각해I think I can"는 이야기의 후반부 반 이상을 차지한다.

이 동화의 메시지는 남을 도와주는 마음과 자신의 능력을 믿는 긍정적 사고방식이다. 책 뒤에 붙은 해설자의 설명이 재미있다. '이 이야기를 읽어주는 어머니나 선생님께'라는 제목으로 "여기서 꼬마 기차는 '그래, 난 할 수 있어.'라고 말하지 않고 '난 할 수 있다고 생각해.'라고 말하고 있습니다. 아동에게 판단하고 생각할 수 있는 능력을 강조하는 것도 중요합니다."라고 적혀 있었다.

아닌 게 아니라 "난 할 수 있어."와 "난 내가 할 수 있다고 생각해."는 분명히 다르다. 어린아이에게 "할 수 있어."와 "할 수 있다고 생각해."를 구별해 가르치는 것이 어쩌면 미국적 사고방식의 근간인지 모른다. 주어진 상황이나 능력의 한계를 넘어서 실천할 수 없다고 생각되는 일은 애당초 시도조차 할 필요가 없다는 실용주의 말이다.

흑인 여성으로 처음 미국의 일류 대학인 스미스 칼리지 총장이 된 루스 시먼스와의 인터뷰에서 기자가 성공 비결이 무엇이냐고 물었다. 그녀는 이렇게 답했다.

"나는 '어려운 것difficult'과 '불가능한 것impossible'을 구별하고자 노력했습니다. 어려워도 가능해 보이는 일은 최선을 다해 열심히 노력했습니다. 그러나 아무리 노력해도 승산이 없다고 생각되는 일은 도전도 하지 않았습니다. 그리고 그 판단에 따라 계획했습니다."

'하면 된다'라고 아무리 아우성쳐도, 안 되는 일은

안 된다. 둥근 새의 '내가 잘할 수 있는 일이 무얼까'라고 생각하는 지혜가 새롭다. 때로는 포기도 미덕이기 때문이다.

마음 항아리

 미국의 유명한 경영대학원에서 한 교수가 시간 쓰는 법에 대해 특강을 했다. 그는 항아리 하나를 탁자에 올려놓고 주먹만 한 돌들을 집어넣기 시작했다. 항아리 위까지 돌이 차자 그가 물었다.

"이 항아리가 가득 찼습니까?"

"네!"

학생들이 대답했다. 그러자 이번엔 항아리를 흔들어가며 자갈을 채웠다.

"이제 가득 찼습니까?"

학생들은 다시 "네!" 하고 대답했다. 이번엔 모래를 가득 붓고 물었다.

"이제는 가득 찼지요?"

"네!"

학생들이 답했다. 그러자 그는 물을 항아리에 가득 부었다.

"지금 내가 여러분에게 보여준 것은 무엇을 의미할까요?"

학생 중 하나가 손을 들고 말했다.

"아무리 스케줄이 꽉 찼다 해도, 언제든지 자투리 시간을 이용하여 더 많은 일을 할 수 있다는 것을 의미합니다."

"아닙니다."

교수는 대답했다.

"자갈이나 모래를 먼저 집어넣으면 큰 돌은 결코 집어넣을 수 없다는 것입니다. 여러분 삶 속의 큰 돌, 즉 가장 소중한 것이 무엇인가 생각하십시오. 그리고 그것을 우선적으로 여러분 마음의 항아리에 집어넣으십시오."

재미있는 일화다. 우리 마음속에 항아리 하나를

두고 각자의 생각과 의지를 넣고 다닌다면 그 항아리를 제일 크게 차지하고 있는 것은 무엇일까. 성공에 대한 의지, 행복, 돈, 또는 사랑….

지난해 조금 심각한 병에 걸려 몇 달 동안 병원 생활을 한 적이 있다. 폐렴에 걸려 올해 초 재입원, 사경을 헤매기도 했다. 고열과 통증을 견디는 중에 문득 '만약 이게 마지막이라면…' 하는 생각이 들었다. 혹시 떠나게 될지도 모른다는 생각에 새삼 세상은 찬란하게 변했다. 병원 창문으로 보이는 조각하늘이 눈부시고, 지인이 갖다준 화분에 핀 풀꽃 하나가 너무 애틋하고, 내가 글에서 또는 교실에서 말로만 떠들던 생각들, 즉 삶 자체가 축복이고 사랑이 최고이고 하루하루의 일상이 소중하다는 '이론'이 갑자기 '실제'가 되어 이제껏 제대로 살지 못했다는 회한이 가슴을 쳤다.

이렇게 허무하게 떠날 수는 없지. 이 좋은 세상에서 더 살 수 있는 기회가 된다면 이제는 진짜 한번 잘 살아봐야지. 죽도록 앞만 보고 뛰느라고 한번 쉬어본 적도 없는데, 이제는 쉬엄쉬엄 주변도 돌아보고 내가 가르친 이론대로 잘 살아봐야지. 그런 생각을 내 마음 항아리에 제일 큰 돌멩이로 집어넣었다.

 나는 다시 병원 밖의 생활로 복귀해 있다. 여전히 일주일에 한 번 항암 치료를 받으러 병원을 들락거리고 백혈구 수치에 울고 웃지만 통증이 없으니 1년도 안 지난 병원 생활이 아득한 꿈처럼 느껴진다. 더욱 신기한 것은 내 마음 항아리다. 그때 그 절박한 심정의 큰 돌멩이는 온데간데없어지고 문득 들여다본 내 마음 항아리 속에는 다시 모래와 자갈만 그득하다. 정신없이 한 학기를 보내면서 나는 다시

'이론가'가 되어 책으로만 사랑을 떠들고, 스케줄을 쪼개고 쪼개서 어떻게 하면 자투리 시간을 내어 좀 더 많이 일할까, 어떻게 하면 좀 더 성취하고 좀 더 인정을 받을까만 고심하면서 살았던 것 같다.

췌장암에 걸려 사형 선고를 받았다가 기적적으로 살아난 애플컴퓨터 설립자 스티브 잡스는 "죽음은 삶을 리모델링한다."라고 말했다. 낡은 아파트만 리모델링하는 게 아니라 삶도 리모델링할 수 있고, 병은 우리가 삶의 의미를 깨닫고 새롭게 삶의 방향을 설정하는 데 도움이 된다는 것이다.

무엇이든 빨리 배우지 못하는 나는 이제 천천히 내 삶을 리모델링할 준비를 한다. 한 해를 보내며, 내 마음 항아리 속 모래와 자갈을 쏟아 버리며, 문득 궁금하다. 독자 여러분, 여러분의 마음 항아리에는 지금 무엇이 들어 있나요?

U턴 인생

나는 지독한 방향치다. 아주 어렸을 때부터 어디를 가든 열 번 이상 가지 않은 곳은 절대로 혼자 다시 찾아가지 못한다. 운전을 시작하고 나서부터는 이 문제가 더욱 심각해졌다. 태생적으로 공간 개념을 타고나지 못해서이지만, 다른 이유도 있다. 활자로 된 것은 모두 다 읽어주는 게 예의라고 생각하는 나는 운전하면서도 눈에 띄는 간판을 다 읽어보는 습성을 갖고 있다. 그렇게 한눈팔다 걸핏하면 길을 잃고 헤맨다. 그럴 때면 나는 무조건 그 자리에서 U턴을 해 다시 길을 찾아 나선다.

간판 얘기가 나왔으니 말이지만, 대로를 벗어난 곳에 있는 작은 동네나 뒷골목에는 참 재미있고 재치 있는 상호들이 많다. 우리 동네만 해도 '돈으로 돈豚 먹기', '김밥과 함께라면', '순대렐라', '우牛찾사' 같은 음식점들이 있는가 하면 '깎고 또 뽑기', '버르

장머리' 같은 미장원도 있다. 얼마 전에는 〈있다! 없다?〉라는 TV 프로그램에서 '국민 가수 태진아 동생이 하는 고깃집'이라는 음식점 간판이 나왔고, 우리 조교는 '한때 이효리의 남자 친구가 하는 집'이라는 떡볶이집 간판도 봤다고 한다.

조교가 문득 물었다.

"우리말 처음 배운 외국 사람이 보고 제일 놀라는 간판이 무언지 아세요?"

모르겠다고 하자 "'할머니 뼈다귀 해장국'이요." 한다. 맞다. 나도 간판 보고 놀란 적이 있다. 용인 근처에서 본 '남동 생고기'라는 음식점 간판이다.

동서남북도 가늠 못 하면서 이렇게 간판이나 읽고 다니니 허구한 날 길을 잃고 헤매는 건 당연한지도 모른다. 그런데 그런 사람이 나뿐 아닌 듯하다.

며칠 전 최 선생님과 함께 파주 근처에 간 적이 있

다. 최 선생님은 직장에서 정년 퇴임을 하시고 자녀들이 살고 있는 뉴욕에서 5, 6년 사시다가 다시 이곳에 정착하기 위해 돌아오셨다. 통일로를 따라 운전하시면서 최 선생님은 눈에 띄는 간판마다 일일이 토를 다셨다.

"'죽여주는 동치미국숫집'? 아, 맛있겠다. '꿈에 본 고향'? 좋은 간판이네. 어딜 가도 고향 같은 데가 없어. 정말 꿈에 보이더라고. 여우도 죽을 때는 고향 쪽으로 얼굴을 돌리고 죽는다던데."

마침 한쪽 모퉁이에 '남매 철공소'라는 간판이 눈에 띄자 다시 말씀하셨다.

"'남매 철공소'라…. 어딘지 슬퍼 보이는데…. '남매 식당'은 몰라도. 그렇지 않아요?"

그러고는 '남매 식당'에 대한 사연을 말씀하셨다. 과부였던 최 선생님 어머니는 시장 한구석에 가마

솥을 걸고 국수를 팔아서 생계를 꾸리셨다. 변변한 간판도 없었지만 시장 사람들은 늘 엄마 곁을 떠나지 않는 남매 때문에 '남매 식당'이라고 불렀다.

"그나마 팔다 남은 국수도 귀해서 마음껏 먹을 수 없었지. 한데 이 세상에 온갖 좋고 비싸다는 음식을 다 먹어봐도, 그때 그 국수 맛은 잊을 수가 없어. 난 정말이지 죽기 전에 어머니가 파시던 국수 한 그릇 다시 먹어보는 것이 소원이라오."

이북이 고향인 최 선생님은 다시 못 갈 고향에 대한 향수 때문인지 한동안 침묵을 지키다가 말씀하셨다.

"살아보니 인생은 U턴이야. 이것저것 원하는 것을 좇아 미친 듯 여기저기 떠돌아 살다가도 결국 돌아오고 싶은 곳은 내가 떠난 그 고향이거든."

'인생은 고향으로의 U턴'이라는 말이 무척 인상

깊었다. 고향은 따뜻하고 정답고 그리고 이제까지의 실수를 다 용서받고 다시 시작할 수 있는 곳이다. 매일 한눈팔다가 길 잃어버리고 U턴으로 다시 길 찾기에 나서는 나 같은 사람에게는 더욱 의미 있는 말이다. 천방지축 방향감각 없이 돌아가는 내 인생도 어쩌면 늘 새로운 길을 배워가면서 U턴으로 다시 시작할 수 있기 때문이다.

《연금술사》의 작가 파울로 코엘료가 한 말이 생각난다.

"떠나라! 그리고 고향의 아가씨들이 가장 예쁘며 고향 산천의 풍치가 가장 아름다우며 그대의 집 안방이 가장 따뜻하다는 것을 배우게 되면, 그때 돌아오라!"

대포로 발포? 대표로 발표!

주변에 보면 재치 있고 맛깔스럽게 우스갯소리를 잘하는 사람이 많다. 분위기도 띄우고 사람들을 기쁘게 하니 참 부러운 재능이다. 한데 그럴 때마다 난 좀 난감할 때가 있다. 어렸을 때부터 센스가 없고 순발력이 없기로 소문난 나는 남이 하는 말을 충직하게 경청하기는 하지만 말하는 이의 저의를 간파하거나 그에 따라 적절한 답을 하는 데 젬병이기 때문이다.

특히 우스갯소리의 경우 남들은 다 허리를 잡고 웃는데 나는 끝까지 이해를 못 해서 고개를 갸우뚱하거나 남의 부연 설명을 듣고야 겨우 알아듣기 일쑤다. 그나마 알아들어서 그 재미있고 우스운 얘기를 다른 사람들에게 전하려 하면, 중간에 생각이 안 나 포기하거나 생각이 나더라도 내가 말하면 재미가 없어져서 '우스갯소리'가 되지 못한다.

그런 내가 최근에 들은 우스갯소리를 감히 독자들에게 전하려고 한다. 내가 금방 알아들었을 만큼 쉽고, 또 그만큼 재미있다고 생각하기 때문이다.

첫 번째 얘기인즉슨 다음과 같다. 어떤 여중생이 밤늦게 학원에서 돌아오는 길이었다. 으슥한 골목길을 가면서 불량배들이 나타날까 봐 조마조마한 마음으로 걷는데, 아니나 다를까 남학생 셋이 골목 저쪽 끝에서 나타났다.

"야, 일루 와!"

그중 한 명이 여중생에게 소리쳤다. 여중생은 놀라고 당혹한 나머지 "야, 일루 와!"를 "야, 날아와!"로 잘못 알아들었다. 날아오라니, 어떻게…. 하지만 무조건 그들의 말에 복종하는 것만이 살길이라고 생각한 여학생은 책가방을 옆에 내려놓고 학이 춤추듯이 양팔을 흔들며 '날아서' 그 불량배들 쪽으로

갔다. 여학생이 갑자기 너울너울 춤추며 다가오는 모습을 보고 불량배들이 정신 나간 사람인 줄 알고 혼비백산해서 도망갔다는 이야기였다. 조카는 이 이야기가 단순 우스갯소리가 아니라 인터넷에 떠다니는 실화라고 주장했는데, 그 진위야 어떻든 말을 잘못 알아들어서 위험을 모면한 케이스임은 분명하다.

'잘못 알아들은 말'을 소재로 한 우스갯소리가 또 있다. 어떤 바보 집에 칼을 든 강도가 들었다. 바보가 자고 있는 방에 들어가 열심히 여기저기를 뒤지는데 바보가 잠에서 깼다.

"강도여유?"

바보가 물었다. 그렇다고 하자 바보는 놀라서 "살려주시우."라고 말했다. 바보로 정평이 나 있는 고로 강도가 말했다.

"그래, 네가 우리나라 삼국시대의 세 나라를 말하면 살려주겠다."

강도가 바보의 배에 칼을 갖다 대며 말했다.

"배 째시려고 그려?"

바보가 물었다. 강도는 "뭐? 백제 신라 고구려? 맞아. 약속은 약속이니 살려주지."라고 말하고 일어나 나갔다는 이야기. 아무리 생각해도 기발한 조크다.

그런데 "야, 일루 와!"를 "야, 날아와!"로 잘못 알아들었거나, "배 째시려고 그려?"를 "백제 신라 고구려?"로 알아들었다는 이야기는 그 자체로도 재미있지만, 조크의 소재가 '위기 탈출'이라는 점은 다시 생각해볼 만하다. 속어, 은어, 우스갯소리가 시대상을 반영한다고 볼 때, 위기 모면이 절실한 시대이다 보니 우리가 들어서 가장 익숙한 상황이 우스갯소리에도 등장하는 모양이다.

그런데 말을 잘못 알아들어서 오해가 발생하는 일은 비단 우스갯소리에서만 있는 일이 아니다. 어제는 TV의 공교육 진단 프로그램에서 어떤 학부모가 '과학적 사고방식'의 중요성을 말하고 있는데 내 귀에는 자꾸 '가학적 사고방식'으로 들리는 것이었다.

이뿐인가. 지난번에는 회식 자리에서 어떤 분이 '건강상의 문제'로 퇴직하게 되었다고 했는데, 나는 얼핏 '강간상의 문제'로 퇴직한다고 잘못 알아들어서 되물어보지도 못하고 의아해한 적이 있다.

미국에서 총기 사건이 한창 발생할 때 어느 교수님은 "제가 대표로 발표할까요?"라는 학생의 말을 "제가 대포로 발포할까요?"로 잘못 알아들어 순간 가슴이 철렁한 적이 있다고 해서 웃은 일도 있다.

그런데 조금 전 또 한 번 해프닝이 있었다. 방에

TV를 켜놓고 잠깐 나가 있는데 9시 뉴스 시작을 알리는 음악에 이어 앵커의 목소리가 들렸다.

"실종자 여러분, 안녕하십니까?"

뭐? '실종자' 여러분? 아니, 그럴 리가. '시청자 여러분'을 잘못 알아들은 것이다.

큰일이다. 내 귀가 이상해진 건지 아니면 세태가 이상한 것인지….

미국에 온 경호 엄마

하버드대학에서 동양학 자료가 있는 옌칭도서관은 아주 낡은 건물이지만, 보스턴의 다른 오래된 건물들과 마찬가지로 엘리베이터가 있다. 그런데 공교롭게도 한국 문학 자료가 있는 지하 1층까지 엘리베이터로 내려가는 것은 좀 복잡하다. 지하 1층에서 비상문을 열고 나가야 하는데, 이 문에는 경찰서와 직접 연결된 경보 장치가 설치되어 있기 때문이다. 지금까지는 구태여 지하 1층까지 엘리베이터를 타고 가는 사람이 없어서 별문제가 되지 않았지만, 이제 내가 나타남으로 해서 옌칭도서관에는 새로운 '제도'가 생겼다. 즉 내가 가면 직원들이 서로 전화로 연락해 비상문의 경보 장치를 끈 후 내가 엘리베이터를 탈 수 있게 도와주고, 내가 떠나는 시간에 맞춰 다시 경보 장치를 켜는 것이다. 싫은 내색 하나 없이 당연하게 해주는 일이지만, 괜히 내 쪽에서 미안해 몰래 층계로 내려갈라치면 어느 틈에 직원이 쫓아와서 엘리베이터로 안내한다.

이곳 사람들의 장애인을 돕는 의식은 투철하다 못해 좀 극성맞은 데까지 있다. 지난번에는 내가 사는 아파트의 엘리베이터가 고장 나 할 수 없이 층계를 걸어 올라가는데, 이웃집 아주머니가 목발 짚은 사람이 위험하게 층계를 오르고 있다고 911(미국의 119)에 신고를 해서 구조대원 여섯 명이 커다란 소방차 두 대를 타고 사이렌까지 울리며 나타나 나를 들어 올려준 적도 있다. 그러고는 장애인이 새로 입주하면 관할 소방서에 신고해야 화재가 발생할 경우 특별 구조 조치를 취하는데, 이사 온 지 두 달이 넘도록 신고하지 않았다고 면박을 주는 것이었다.

그런데 솔직히 말해 나는 이렇게 대접받는 것이 왠지 거북살스럽다. 일생 동안 부엌 구석에 앉아 눈

칫밥 먹던 사람에게 갑자기 잔칫상에 버젓이 나와 앉아 먹으라면 너무 황송해서 면구스러워하는 것과 마찬가지다. 사방팔방으로 못 들어오게 막아놓고 문전박대하면 이리저리 기웃거리고 제발 문 좀 열어달라고 애원하며 살았던지라 장애가 무슨 특별한 권리나 되는 것 같은 이곳에서는 그저 어리둥절하고, 혹시 이런 호사가 버릇이라도 될까 봐 걱정된다. 버릇이라는 게 무서워서, 작은 예지만 이곳 사람들이 자동문까지도 열고 기다려주는 데 익숙해져 한국에 가서도 으레 열어주려니 뒤쫓아 가다가 코 깨질 뻔한 적이 한두 번이 아니기 때문이다.

얼마 전에는 어느 미국인 교수 집에서 우연히 경호 엄마라는 사람을 만났다. 경호는 일종의 왜소증 환자인데, 왜소증은 서너 살 정도에서 몸의 발육이 멈추고 대개는 서른 살이 채 되기 전에 죽는 병이다. 지금 열일곱 살인데 키가 50~60센티미터밖에 안 되고, 걷지도 못해 언제나 엄마가 휠체어에 태우고 다닌다. 한국에서 중학교에 들어갔으나 1학년 교실이 3층에 있었다. 교장선생님께 1층으로 옮겨달라고 했지만 거절당하고 다른 학교로 전학했다. 그런데 이번 학교에서는 화장실에 가려면 건물 밖으로 나와 운동장을 가로질러 가야 했다. 층계가 몇 개 있기 때문에 휠체어를 밀 수 없어 친한 친구들 몇이 경호를 떠메고 화장실에 갈 때면 교실 유리창마다 학생들이 고개를 내밀고 놀려댔고, 경호는 학교에 가기를 거부했다. 공부하기 좋아하는 경호를 학교에 보내기 위해 일선 공무원인 아버지는 집을 팔고 경호 동생과 함께 본가로 들어가고, 경호 엄마는 경호를 데리고 이곳으로 왔다. 경호 엄마는 아침에 경호를 학교에 데려다주고 낮 동안 이집 저집에서 청소를 하면서 모자라는 생활비를 충당한다고 했다.

"경호를 학교에 두고 나올 때 자꾸 뒤돌아보곤 하지요. 일을 하다가도 경호 학교 쪽을 쳐다보기도 하고요."

"왜요? 걱정이 돼서요?"

"아니요. 우리 경호가 다른 학생들과 함께 나란히 앉아 공부하고 있는 것이 너무 기뻐서요."

남들은 우리나라 교육이 잘못되어서, 돈 잘 벌고 크게 성공하라고 자식들 데리고 미국에 온다는데, 경호 엄마는 단지 아들에게 다른 학생들과 함께 공부하는 기쁨을 주기 위해 이 먼 나라까지 와서 남의 집 마루를 닦고 있었다.

신문에 없는 말들

하버드대학의 행정 업무를 담당하는 홀리오크센터 옆을 지나칠라치면 어느 할머니가 말을 걸어온다. 발목까지 내려오는 꽃분홍 민소매 원피스에 긴 머리를 치렁치렁하게 늘어뜨리고, 귀는 물론 코와 혀에까지 가느다란 금 고리를 단 이 할머니는 한 일흔 살쯤 되었을까.

지나가는 행인에게 바람처럼 나타나 갑자기 하늘을 가리키며 어제 저녁 소나기 지난 후 그 아름다운 무지개를 보았냐거나, 오늘 아침은 제법 쌀쌀한데 찰스강의 가을이 기대되지 않느냐거나, 발레 연습하는 우리 딸의 발 모양이 얼마나 예쁜지 보여주고 싶다는 등 높은 소프라노 목소리로 극적인 제스처를 섞어가며 사뭇 시적으로 말한다. 이 할머니가 어제는 〈보스턴 글로브Boston Globe〉 한 면을 접어들고 오늘 이 신문에 '사랑'이라는 단어가 나왔다고, 신문에 그런 말이 나온 게 참 이상해 보이지 않느냐고 물었다.

무슨 충격적인 일로 아예 정신을 놓아버린 듯한 할머니의 말이지만, 새삼 생각해보니 아닌 게 아니라 신문에 온갖 말이 다 나와도 '사랑'이라는 단어가 나오는 예는 별로 없는 듯하다. 특히 이번 여름 어느 외국인이 한국에서 신문으로만 우리말을 배웠다면, 한국어에는 '사랑', '희망', '가능성', '조화', '평화'라는 말이 존재하지 않는다고 생각할지도 모른다. 그래서 나는 나의 마지막 문화칼럼을 신문에서는 획기적인 일, 즉 '사랑'이라는 말이 많이 나오는 짧은 메시지를 독자와 함께 나누며 마무리하고 싶다.

서강대학교에 계시다가 모국인 필리핀으로 돌아가신 페페 신부님은 작년에 파킨슨병에 걸려 치유가 불가능하다는 선고를 받았다. 가끔씩 좋은 글이

나 이야기를 발견하면 내게 주시는 신부님이 며칠 전에는 인터넷에서 떠도는 '내가 이제야 깨닫는 것은…'이라는 제목의 글을 보내오셨다.

내가 이제야 깨닫는 것은, 사랑을 포기하지 않으면 기적은 정말 일어난다는 것. 누군가를 사랑하는 마음은 숨길 수 없다는 것. 이 세상에서 제일 훌륭한 교실은 노인의 발치라는 것. '하룻밤 사이의 성공'은 보통 15년이 걸린다는 것. 어렸을 때 여름날 밤 아버지와 함께 동네를 걷던 추억은 일생의 지주가 된다는 것. 삶은 두루마리 화장지 같아서 끝으로 갈수록 더욱 빨리 사라진다는 것. 돈으로 인간의 품격을 살 수는 없다는 것. 삶이 위대하고 아름다운 이유는 매일매일 일어나는 작은 일들 때문이라는 것. 하느님도 여러 날 걸린 일을 우리는 하루 걸려

하려 든다는 것. 마음의 상처를 치유하는 것은 시간이 아니라 사랑이라는 것. 부모님이 돌아가시기 전에 단 한 번이라도 사랑한다는 말을 하지 못하면 영원한 한이 된다는 것. 우리 모두는 다 산꼭대기에서 살고 싶어 하지만, 행복은 그 산을 올라갈 때라는 것….

그리고 마지막에 페페 신부님은 덧붙였다.

그런데 왜 우리는 이 모든 진리를 삶을 다 살고 나서야 깨닫게 되는 것일까? 살아온 길을 뒤돌아보면 너무나 쉽고 간단한데, 진정한 삶은 늘 해답이 뻔한데, 왜 우리는 그렇게 복잡하고 힘들게 살아가는 것일까?

지상에서의 삶을 정돈하는 노사제가 보낸 글이기 때문에 더욱 의미 깊게 들렸을까. 진정한 삶의 해답이 무엇인지 나는 반문하지 않았다. 그러나 적어도 요새 신문에 자주 등장하는 단어들, '권력', '부', '재테크', '대권' 등의 말과는 별로 상관이 없는 것만은 확실한 듯하다.

꽃처럼 마음이 예쁜 민수야

"이모, 이것 봐. 토마토가 빨갛지? 되게 예쁘지?"

뜰을 지날 때마다 초등학교 2학년 조카 민수는 지난봄 체험학습장에서 갖다 심은 모종이 자라서 빨갛게 익은 방울토마토 앞에 쭈그리고 앉아 들여다본다. 요즘은 초등학교에서 꽃 화분 키우기, 올챙이 키우기, 모종 키우기 등의 숙제를 내주고 관찰하게 하는 모양이다. 물론 과학적 현상을 가르치는 목적도 있겠지만 아이들에게 아름다운 마음, 남을 배려하는 마음을 기르는 정서 교육을 위한 것일 게다.

정서 교육 말이 나왔으니 말이지만, 나는 가끔 어렸을 때 정서 교육을 제대로 받지 못해서 지금 모종의 정서 불안증을 앓고 있지 않나 생각한다. 심리학자들이 말하는 '범불안 장애'라는 이 병의 증세는 자율신경계의 과잉 활동으로 '괜히 불안해하고 주의

가 산만하며, 참을성이 없고, 독선적이어서 남의 비판에 민감하고, 남을 잘 믿지 못하고 피해의식을 갖는 등등'이라고 하는데, 족집게처럼 나의 증상을 묘사한 것이다. 그런데 요새 이런 증상을 가진 사람은 비단 나뿐이 아닌 듯하다. 특히 정치하는 사람들은 서로 기득권을 잡기 위해 이리저리 눈치 보며 줄 바꿔 서고 오늘은 이 말 하고 내일은 저 말 하고, 마치 집단 정서 불안증을 앓고 있는 듯, 온 나라를 어수선하고 불안정하게 만든다.

그런데 프로이트나 아들러의 심리학 이론―어렸을 때 겪은 정서적 불안은 성장한 후에도 영향을 미친다는―을 적용해보면 지금 40~50대 이후 세대가 정서 불안 증세를 갖고 있는 것은 어쩌면 당연하다. 전쟁을 겪고, 전쟁 이후에도 척박한 시대에 어떻게 살아가는가보다 어떻게 살아남는가를 생각하며, 아름다운 마음보다는 싸워 이겨야 하는 투지, 남을 배려하는 마음보다는 남이 먹는 것이라도 뺏어야 하는 독기를 배웠기 때문이다.

민수의 방울토마토를 보니 생각나는 일이 있다. 내가 초등학교 다닐 때 학교에서 내준 숙제 중 가장 기억에 남는 것은 파리를 잡아 성냥갑 속에 넣어 가는 것이었다. 그래서 사과 궤짝으로 엉성하게 만든 쓰레기통 옆에서 악취를 맡으며 파리채로 파리를 잡아 성냥갑에 채워서 누가 더 많이 잡았나 경쟁했다. 그뿐인가, 어느 해는 쥐를 소탕하겠다는 정부의 의지에 따라 쥐를 잡아 꼬리를 잘라 오라는 숙제도 있었다. 행인지 불행인지 우리 집에는 쥐가 없어 어머니가 쌀집에 가서 쥐 꼬리를 얻어왔고, 어떤 친구들은 오징어 다리에 물감을 들여 학교에 가져오곤 했다.

지금과 같은 놀이공원은 꿈도 못 꾸거니와, 벼르고 별러 창경원에 소풍을 가서 호랑이 한 마리 보고 끝없이 걷노라면 먼지만 풀풀 날리고, 1년에 두 번 소풍날에만 먹는 아까운 김밥 위로 송충이가 뚝뚝 떨어지곤 했다.

물론 이런 추억들도 지금은 아련한 그리움으로 다가오지만, 정서 교육에 별 도움이 되지 못했던 것만은 사실인 것 같다. 잘사는 나라의 딕과 제인이 나비를 잡고 다람쥐를 쫓으며 꿈을 키울 때, 영희와 철수는 파리를 잡고 쥐를 잡으려고 쓰레기통 옆에 앉아 있었다. 잘사는 나라의 아이들이 펄펄 내리는 눈을 보고 썰매 타고 산타맞이 '징글벨' 노래를 할 때, 우리는 "펄펄 눈이 옵니다… 하늘나라 선녀님들이 하얀 가루 떡가루를 자꾸자꾸 뿌려줍니다."라고, 눈이 공짜로 내리는 떡가루이길 바라며 노래 불렸다.

그때 파리를 잡던 손기술, 오징어 다리를 쥐 꼬리로 만드는 창의성, 눈을 보고 떡가루를 상상하는 헝그리 정신이 지금 우리가 누리는 물질적 안정을 가져왔는지 모르지만, 슬프게도 악착같이 살아온 우리의 정서와 양심은 많이 퇴화해버린 것 같다.

그렇게 해서 꾸준히 경제는 발전했지만, 6·25전쟁을 겪은 세대는 물론이거니와 전후 세대 중에서도 아마 우리처럼 많은 정치적 혼란과 시위를 겪으면서 살아온 국민도 드물 것이다. 대학 다닐 때는 젊음의 낭만은커녕 학기마다 탱크가 정문을 지키는 와중에 친구들이 포승에 묶여 잡혀갔고, 1978년부터 1985년까지 유학 생활을 하는 동안 TV를 통해 본 한국의 모습은 가슴 아프게도 폭력 시위나 진압의 유혈이 낭자한 풍경뿐이었다. 귀국해 강단에 선

이후에도 최루탄 연기에 학생들과 함께 구토를 하며 수업을 한 적도 있다.

세월이 많이 흐른 지금, 이젠 먹고사는 문제가 얼추 해결됐으니 우리도 과거의 상처를 극복하고 정서불안증이 치유될 때도 됐는데…. 예쁜 마음, 배려하는 마음을 배우는 민수에게서 희망을 볼 뿐이다.

2.

이 아침,
축복처럼
꽃비가

:
장영희가
사랑한
영미문학

> "나를 살게 하는 근본적 힘은 문학이다.
> 문학은 삶의 용기를, 사랑을,
> 인간다운 삶을 가르쳐준다.
> 나는 기동력이 부족한 사람이라
> 문학을 통해 삶의 많은 부분을 채워왔다.
> 그러다 보니 이제는 내 스스로가
> 문학의 한 부분이 된 듯하다."

내가 너를 사랑한 도시

프랜시스가 트렁크의 뚜껑을 열자 갇혀 있던 꽃향기인 듯 잃어버린 시간의 매캐한 냄새가 다락을 메웠고, 그 냄새는 먼지바람을 일으켜 다락 창의 커튼을 흔들었다. 프랜시스는 재생되는 과거의 향기에 취했고, 트렁크 안을 들여다보자마자 깜짝 놀랐다. 사진 한 장 속에 열아홉 살 그의 얼굴이 그를 쳐다보고 있었기 때문이다.

— 윌리엄 케네디, 《내가 너를 사랑한 도시》 제6장 중

---

* 윌리엄 케네디(William Kennedy, 1928~)
  미국의 작가, 저널리스트. 대학 졸업 후 저널리스트로 활동하면서 소설을 쓰기 시작했다. 1983년 《내가 너를 사랑한 도시Ironweed》를 발표하고, 이듬해 퓰리처상과 미국비평가협회상을 받았다.

유학 시절 영문과 시간강사들이 쓰던 강사실 바로 옆방이 창작과 강사실이었다. 창작과 강사 중 윌리엄 케네디라는 강사는 월급으로 1,200불을 받는 가난하고 궁상맞은 중년의 무명작가였다. 그러나 그는 1983년 단 한 권의 책으로 문학계의 비상한 관심을 받는 것은 물론, 이듬해 퓰리처상을 비롯해 미국 유수의 문학상을 휩쓸었고, 〈뉴욕타임스〉가 선정한 '20세기 미국문학의 최고 걸작 100편' 안에 뽑히는 영광까지 누려 이 세상 모든 무명작가들의 꿈의 표상이 되었다.

《내가 너를 사랑한 도시》는 그 소재와 구성이 매우 독특하다. 주인공 프랜시스 필란은 쉰여덟 살의 알코올 중독자이며 부랑자로 사람들이 흔히 말하는 삶의 패배자요, 인간쓰레기다. 젊었을 때 아마추어 야구 선수로서 그런대로 잘나가던 그는 태어난

지 13일 된 아들의 기저귀를 갈아주려다 실수로 떨어뜨린다. 아들이 즉사하자 회한과 가책에 못 이겨 집을 나가고, 그로부터 그의 삶은 방랑과 폭력과 살인, 도주로 점철된 밑바닥 인생이 된다. 이 소설은 22년 만에 고향에 돌아온 프랜시스가 자신의 가족을 방문하는 하루 동안 일어나는 일들을 다루고 있다. 앞에 인용한 부분은 그가 다락방에서 아내가 정리해놓은 자신의 물건들이 담긴 트렁크를 열어보는 장면이다.

 꿈과 가능성과 희망으로 가득 찼던 삶. 그러나 이제 되돌릴 수 없는 시간. 그는 낯익은 거리에서 과거를 돌아보며 자신을 사정없이 파멸로 몰아붙인 어떤 운명의 힘 같은 것을 본다. 책의 마지막에서 프랜시스는 다시 집을 나온다. 그리고 천막촌을 철거하는 사람들과 싸우다 위험에 처해 올바니를 떠나 또다시 도주한다. 죽어가는 동료 부랑자를 병원에 데리고 간 그에게 간호사가 이름을 묻자 그는 대답한다.

"그는 은하수가 어디인지 아는 사람이었소.He knew where the Milky Way was."

저마다 가슴속에 품고 있는 이상향, 은하수가 어디인지 알고 있지만 사회라는 거대한 톱니바퀴에 깔려서 버림받고 서서히 파괴되어가는 사람들을 통해 작가가 우리에게 말하고 싶은 것은 역설적으로 죽음을 통해 다시 억새풀처럼 끈질기게 태어나는 삶이다.

부랑자는 집이 없는 사람들, 갈 곳 없는 사람들이기 이전에 꿈이 죽어버린 사람들이 아닐까. 누구보다 꿈이 많았기에 더 많이 좌절하고, 더 이상 꿈을 위해 살 필요가 없다고 느껴서, 그게 너무 허무해서 자신의 꿈의 그릇이던 육신을 소중하게 생각하지 않는 사람들…. 우리는 마치 부랑자가 될 운명을 타고난 사람들처럼 그들을 세상 가장자리로 자꾸 밀어붙이지만, 어쩌면 그들의 꿈을 죽인 사람은 바로 우리인지도 모른다.

사우보思友譜

어떤 일이 있어도 난 부럽지 않네
고귀한 분노를 모르는 포로가,
여름 숲을 알지 못하는
새장에서 태어난 방울새가.
난 부럽지 않네, 시간의 들녘에서
제멋대로 뛰어놀며
죄책감에 얽매이지도 않고
양심도 깨어 있지 않은 짐승들이…
한 번도 사랑해본 적 없는 것보다
사랑해보고 잃는 것이 차라리 나으리.

─ 앨프리드 테니슨, 〈사우보〉 중

* 앨프리드 테니슨(Alfred Lord Tennyson, 1809~1892)
  영국 시인. 죽은 친구 아서 핼럼을 그리워하면서 바친 애가哀歌 〈사우보 In Memoriam〉는 빅토리아 시대 대표 걸작으로 꼽힌다. 낭만파 시인 윌리엄 워즈워스의 뒤를 잇는 계관시인the poet laureate이다.

영문학사에서 가장 유명한 비가◆로 꼽히는 앨프리드 테니슨의 〈사우보〉의 일부다. 사랑하는 친구의 죽음을 애도하는 이 시의 마지막 2행은 영미문학에서 가장 유명하고 또 자주 인용되는 구절 중 하나다.

한 번도 사랑해본 적 없는 것보다
사랑해보고 잃는 것이 차라리 나으리.

당시 빅토리아 여왕만큼 유명했다는 테니슨은 현재까지도 19세기 영국을 대표하는 시인이다. 불우한 유년기를 보낸 그가 외로움을 달랜 방편은 시였다.
그는 케임브리지대학에 입학해 문학동호회 회원이 됐고, 그 클럽 회장 격이던 아서 핼럼과 절친한 친구가 된다. 한 비평가가 "테니슨의 생애에는 한

◆ elegy, 죽음의 이별에 부치는 시

가지 사건, 핼럼과의 만남만이 있을 뿐이다."라고 말했을 만큼 그는 테니슨의 시와 삶에 큰 영향을 미쳤다. 3년간 우정을 나누던 핼럼이 뇌출혈로 사망하자, 테니슨이 17년 동안 쓴 시가 3,000행에 달하는 장시 〈사우보〉다.

계관시인 윌리엄 워즈워스가 죽고, 그 자리를 계승한 테니슨은 한 명의 시인이라기보다 현자의 표상이었다. 사랑을 잃은 슬픔은 결국 위에 인용한 시의 마지막 두 줄, 즉 사랑을 잃는 것만큼 아프고 슬픈 일은 없지만 그 지독한 상실감에도 불구하고 사랑할 수 있는 사람을 만났었다는 것 자체가 행운이라는 결론에 이른다. 여름 숲의 자유를 모르는 새가 진정한 자유를 모르듯, 분노를 모르는 포로의 평화가 진정한 평화가 아니듯, 이별의 아픔을 경험하지 못한 사랑은 진정한 사랑이 아니라는 역설의 논리다.

삶의 내공이 부족한 탓에 사랑을 잃고도 의연하게, 이 세상에서 그 사람을 만났다는 사실만을 위로 삼아 살 자신이 나는 없다. 하지만 아직은 테니슨이 〈율리시스Ulysses〉라는 시에서 말하는 것처럼 '마치 숨만 쉬면 그것이 인생의 전부인 양' 살지 않고, 상처받을 줄 뻔히 알면서도 사랑하는 삶을 택하고 싶은, 그런 마음은 있다.

얼마나 지리한가, 멈춘다는 것은, 끝장낸다는 것은!
닦지 않아 녹슬고, 쓰지 않아 빛나지 않는 것은!
마치 숨만 쉬면 그것이 인생의 전부인 양!

위대한 개츠비

개츠비 자신도 전화가 걸려 오리라고는 믿지 않았을 것 같다. 아니, 어쩌면 더 이상 개의치 않았을지도 모른다. 만약 정말 그랬다면 그는 옛날의 애틋하고 따뜻한 세계를 이제 잃어버렸고, 오직 하나의 꿈만 마음에 품고 지나치게 오랫동안 산 데 대해 값비싼 대가를 치렀다고 느꼈을 것이다. 장미꽃이 얼마나 괴기스러운 것이었는지, 또 성긴 잔디 위로 쏟아지는 햇빛이 얼마나 생경한 것이었는지 새삼 느끼며 섬찟한 나뭇잎 사이로 낯선 하늘을 올려다보다가 그는 몸서리를 쳤을 것이다. 현실감 없이 물질적이기만 한 새로운 세상은 가여운 허깨비들이 공기처럼 꿈을 마시며 이리저리 방황하는 곳이었다….

— 스콧 피츠제럴드,《위대한 개츠비》제8장 중

* 스콧 피츠제럴드(Francis Scott Key Fitzgerald, 1896~1940)
미국 소설가. 프린스턴대학을 졸업하고, 제1차 세계대전에 참전했다. 전쟁 중 죽기 전에 작품을 남기기 위해 집필을 시작했다. 이때 쓴《낙원의 이쪽This Side of Paradise》으로 큰 인기를 얻고 이후 대표작《위대한 개츠비The Great Gatsby》를 비롯한 작품들을 발표했으며, 시나리오를 쓰기도 했다.

21세기를 맞아 미국 유수의 출판사와 도서관들이 '20세기 최고의 소설 100선'을 발표했다. 저마다 다른 목록을 내어놓았지만 모든 목록에서 공통적으로 1등 혹은 2등으로 선정된 책이 바로 F. 스콧 피츠제럴드의 《위대한 개츠비》였다.

이른바 '재즈시대'라고 불리는 1920년대를 배경으로 한 이 소설에서 성공의 야망을 품은 가난한 청년 개츠비는 1차 대전 중 입대, 남부의 상류층 아가씨 데이지와 사랑에 빠진다. 그러나 개츠비가 유럽 전선에 나가 있는 동안 데이지는 돈 많은 다른 남자와 결혼하고, 돌아온 개츠비는 데이지의 사랑을 되찾기 위해 필사적으로 노력한다. 그의 꿈은 이루어지는 듯하지만 결국 데이지의 배반으로 허무한 죽음을 맞는다.

앞에 인용한 부분은 사랑하는 여인으로부터 배반

당한 개츠비가 그래도 그녀의 전화를 기다리다가 죽음을 맞기 직전의 장면이다.

누군가를 사랑하고 있을 때 사랑하는 사람과 함께 보는 세상은 이전과 다릅니다. 이른 봄에 피어나는 꽃들이 이렇게 키가 작았었나…. 여름날 밤하늘에 이토록 별이 많았었나…. 어쩌면 사랑은 잃었던 시력을 찾는 일인지도 모릅니다….

〈연애소설〉이라는 영화에 나오는 대사다. 즉 사랑과 꿈을 잃어버린 세상은 아름다움을 보는 시력을 잃어버리는 것과 마찬가지다. 아름답던 장미가 괴기스럽게 보이고, 찬란하던 햇빛이 생경하고, 하늘조차 낯설어 보이는 이상한 세상이다. 오직 하나의 사랑에 집착했던 개츠비의 종말은 그래서 더욱 비참하고 슬프다.

이 작품에서 가장 논란이 되는 부분은 '위대한'이라는 형용사가 붙은 제목이다. 왜 개츠비가 위대한가. 자신의 야망을 위해 부정 축재를 한 범법자이고 사랑을 되찾기 위해 불륜까지도 불사하는 개츠비의 '위대함'에 대해 피츠제럴드는 꼭 집어서 세 가지를 말한다.

'희망을 가질 줄 아는 비상한 재능, 낭만적 준비성 그리고 경이로움을 느낄 줄 아는 능력extraordinary gift for hope, a romantic readiness, capacity for wonder'이 바로 그것이다.

뉴욕과 롱아일랜드 사이의 '재의 골짜기a valley of ashes'로 상징화된 혼돈의 시대, 영혼의 불모지에서도 꺼지지 않는 개츠비의 낭만적 이상주의를 피츠제럴드는 '위대함'으로 보았던 것이다.

이 대목을 가르칠 때마다 나는 학생들에게 꿈이 없는 세상, '현실감 없이 물질적이기만 한material but not real' 세상의 비참함에 대해 역설한다. 단지 육체적으로 경험하는 세상, 오감으로 보고 듣고 만질 수 있지만 영혼과 마음으로 느낄 수 없는 리얼real하지 않은 세상이 얼마나 무의미하고 슬픈 세상인지. 하지만 학생들에게 내가 느끼는 감흥을 전하기는 힘들다. 꿈과 사랑을 잃어버린 세상을 나는 보았지만, 젊은 그들은 그런 세상을 아직 리얼하게 느끼지 못해서일 것이다.

주홍 글자

 나는 지식에 굶주려 지식의 꿈을 채우는 데 일생의 대부분을 보내고 이미 쇠약해져버린 남자요. 이런 내가 당신과 같이 젊고 아름다운 여자에게 무엇을 해줄 수 있었겠소! 내 마음은 많은 손님을 맞을 만큼 충분히 넓었지만 난로 하나 없는 쓸쓸하고 차가운 빈집 같았소. 나는 불을 한번 붙여보고 싶었소! 나는 늙고, 우울하고, 불구이긴 했지만, 세상에 널리 흩어져 있어 누구나 자유롭게 주위 모을 수 있는 저 소박한 행복을 내 것으로 하겠다는 생각이 그토록 허황된 꿈이라고는 생각지 않았소.

— 너새니얼 호손, 《주홍 글자》 제4장 중

---

* **너새니얼 호손**(Nathaniel Hawthorne, 1804~1864)
미국 소설가. 자비를 들여 첫 소설 《판쇼Fanshawe》를 출판했으나, 뒤에 미숙함을 깨닫고 회수했다. 대표작 《주홍 글자The Scarlet Letter》로 소설가로서 명성을 얻었다.

미국 소설에 등장하는 대표적 '악한'을 꼽으라면 모르긴 몰라도 《주홍 글자》에 등장하는 칠링워스가 빠지지 않을 것이다. 작가 호손도 의도적으로 칠링워스의 이름을 '칠링Chilling, 오싹한 + 워스worth, 그럴 만한 가치가 있는'라고 함으로써 '오싹한' 그의 품성과 역할을 간접적으로 묘사하고 있다.

가슴에 진홍색 'A'가 수놓아진 옷을 입고 3개월 된 아기를 꼭 껴안은 채 시장터 처형대 위에 서 있는 긴 머리의 아름다운 여자—비단 영문학을 전공하지 않은 독자들에게도 익숙한 이미지로 19세기 미국 문학의 최대 걸작 중 하나인 《주홍 글자》는 시작하고 있다.

영국에서 나이 많은 의사 칠링워스와 결혼한 헤스터 프린은 남편보다 먼저 미국으로 건너와 살며 사생아 펄을 낳는다. 칠링워스는 펄의 아버지가 젊은 목사 딤스데일이라는 것을 알고, 그의 주치의를 자청하여 함께 살면서 교묘한 방법으로 그에게 극심한 영혼의 고통을 준다.

앞의 인용문은 아내와 합류하기 위해 미국으로 오던 중 인디언에게 잡혀 뒤늦게 온 칠링워스가 처형대에서 다른 남자의 아기를 안고 있는 아내를 발견하고, 감옥으로 찾아가 자신의 심정을 토로하는 장면이다.

고등학교 때 《주홍 글자》를 읽다가 나는 이 부분에서 딱 멈췄다. '악한' 칠링워스에 대한 연민으로 눈물이 날 지경이었다. 추한 불구의 몸에, 학문 탐구로 일생을 보내다가 외로움을 못 견뎌 언감생심 젊고 아름다운 여인을 탐하는 '허황된 꿈'을 꾼 칠링워스. '세상에 널리 흩어져 있어 누구나 자유롭게 주워 모을 수 있는 저 소박한 행복'을 꿈꾸던 칠링워스에게 어쩌면 나는 내 처지를 대입시켰는지도 모른다. 몸은 부자유스러워도 내가 열심히 공부하면 나의 지력으로 이 세상에서 행복을 찾을 수 있다고 생각했던 나는 칠링워스의 말이 구구절절 마음에 와닿았다.

칠링워스의 죄는 결국 용서하지 못한 죄다. 오로지 복수만을 위해 살아가던 칠링워스는 딤스데일이 죽은 이후 삶의 목적을 잃어버리고 곧 따라 죽지만, 자신의 전 재산을 펄에게 상속한다. 결국 그는 아내와 불륜을 범한 남자를 벌하고 싶은 욕망을 용서로 승화하지 못한 채 불행하게 죽는 것이다. 이 세상에서 행복해지고 싶은 욕망을 거부당한 사람이 맞이할 수밖에 없는 비극적 결말이다.

6월이 오면

6월이 오면, 나는 온종일
사랑하는 이와 향긋한 건초 속에 앉아
미풍 부는 하늘 높은 곳 흰 구름이 지은
햇빛 찬란한 궁전들을 바라보리라.

그녀는 노래하고, 난 그녀 위해 노래 만들고,
하루 종일 아름다운 시 읽는다네.
건초 더미 우리 집에 남몰래 누워 있으면
아, 인생은 아름다워라 6월이 오면.

— 로버트 브리지스, 〈6월이 오면When June is Come〉

* 로버트 브리지스(Robert Seymour Bridges, 1844~1930)
  영국의 시인, 수필가. 옥스퍼드대학에서 약학을 공부하고 소아과 병원에서 근무했으나, 1885년부터 건강상의 문제로 순수한 감정과 운율을 살린 시를 쓰는 데 전념했다. 《단시집Shorter Poems》을 통해 시인으로서의 명성을 얻었고, 1913년 계관시인이 되었다.

마치 한 폭의 밝고 투명한 수채화같이 6월의 전원 풍경을 깔끔하게 묘사한 시다. 모든 감각적 이미지(시각적·후각적·청각적-흰, 햇빛 찬란한, 향긋한, 미풍, 노래 등)를 총동원하여 청명한 하늘에 떠있는 구름 궁전, 햇빛 쏟아지는 언덕 그리고 풋풋한 건초 더미 속에 호젓하게 앉아 있는 연인들의 모습을 선명하게 그리고 있다.

시적 기교를 피하고 단순한 언어를 사용하여 화자가 느끼는 삶의 환희를 솔직한 어조로 전달하고 있는 이 시는 1연에서는 풍경을 묘사하는 큰 그림을 그리다가, 마치 카메라가 피사체를 점차 좁혀가듯 2연에서는 화자와 연인을 클로즈업한다. 시 전체를 통해 사용된 day/hay, high/sky, song/long, home/come의 거의 완벽한 각운은 화자가 사용하고 있는 자연의 질서와 삶의 환희에 대한 찬미의 목소리에 잘 맞아떨어진다.

자연은 계절마다 아름답지만, 6월에 유독 더 눈부시다. 푸른 물이 뿜어 나오는 듯한 진초록 잎들, 흐드러지게 핀 꽃들, 자연이 가장 싱싱한 생명의 힘을 구가하는 때다. 사람의 삶에도 계절이 있다면, 모든 계절이 나름대로 의미 있지만 단연 청춘이 제일 아름답지 않을까. 나긋나긋한 몸매와 통통 튀는 용수철 같은 발걸음, 온몸으로 발산하는 생동감, 삶에 대한 도전과 자신감—모두 멋지지만, 청춘이 아름다운 이유는 아마도 아직은 낭만을 잃지 않고 달콤한 사랑에 빠지는 나이이기 때문일 것이다. 그래서 시인들은 청춘의 달 6월을 사랑의 달로 불렀고, 레오 로빈이라는 작사가는 오래전 〈1월 속의 6월 June in January〉이라는 노래에서 이렇게 노래 부른 적도 있다.

"사랑에 빠졌으니 1월 속의 6월이네!It's June in January because I'm in love!"

로버트 브리지스는 1913년부터 1930년까지 17년 동안 영국 시단의 대표로, 왕실에서 임명하는 계관 시인이었다. 그의 시들은 항상 기쁨과 희망, 삶에 대한 열정을 보여주는데, 그 희망의 원천은 앞에 인용한 시에서도 볼 수 있듯이 대부분 자연과 인간의 합일이 가져오는 신비주의적 순간과 인간과 인간 사이의 완벽한 사랑이다. 그리고 그의 대표적인 연시〈깨어나라, 내 가슴이여Awake, My Heart〉에서 "깨어나라, 내 가슴이여, 사랑받기 위하여 깨어나라"고 했듯이, 그 '완벽한' 사랑은 싱싱한 육체를 전제 조건으로 하는 청춘의 사랑이다.

'청춘'이라는 말을 떠올릴 때마다 나는 괴테가 생각난다. 대학 때 독문학을 부전공했는데도 지금은 다 잊어버려 독어에 거의 까막눈이 되었지만, 청춘을 갈망하는 파우스트의 처절한 외침은 아직도 생생히 기억한다.

"폭동의 심장을 가졌던 그날들을 내게 돌려달라. 환희가 너무 깊어 고통스러웠던 시절, 증오의 힘 그리고 사랑의 동요―아, 내게 내 젊음을 다시 돌려달라!!"

그 '폭동의 심장'을 가진 청춘을 다시 살라면 난 아마 파우스트처럼 선뜻 예스라는 답이 나오지 않을 것 같다. 그래도 향기로운 초여름 6월이 오면, 아름다운 하늘, 꽃, 숲, 미풍을 느끼며 '아, 인생은 아름다워라.' 하고 노래하는 마음만은 늘 간직할 수 있으면 좋겠다.

폭풍의 언덕

그는 나보다 더 나아. 내가 이 세상에서 겪은 지독한 고통들은 모두 히스클리프의 고통들이었어. 모든 것이 죽어 없어져도 그가 남아 있다면 나는 계속 존재하는 거야. 하지만 다른 모든 것은 남아 있되, 그가 없어진다면 우주는 아주 낯선 곳이 되고 말겠지. 린튼에 대한 나의 사랑은 숲속의 잎사귀와 같아. 겨울이 되면 나무들의 모습이 달라지듯이 시간이 흐르면 달라지리라는 걸 난 잘 알고 있어. 그러나 히스클리프에 대한 내 사랑은 그 아래 있는 영원한 바위와 같아. 넬리, 내가 바로 히스클리프야! 그는 언제나, 언제까지나 내 마음속에 있어. 바로 나 자신으로 내 마음속에 있는 거야.

— 에밀리 브론테, 《폭풍의 언덕》 제9장 중

---

* 에밀리 브론테(Emily Jane Brontë, 1818~1848)
영국의 소설가, 시인. 《제인 에어Jane Eyre》의 작가 샬럿 브론테의 동생이다. 〈내 영혼은 비겁하지 않노라No Coward Soul is Mine〉 등의 시편을 통해 시인으로서의 특별한 지위를 갖고 있다. 《폭풍의 언덕Wuthering Heights》은 그녀의 유일한 소설로, 영문학에서 《리어왕King Lear》, 《백경Moby Dick》에 필적하는 명작으로 평가되고 있다.

난센스 퀴즈입니다. 김치 만두가 김치한테 사랑 고백을 할 때 뭐라고 할까요? 답은 "내 안에 너 있다."랍니다. 언젠가 〈파리의 연인〉이라는 드라마에 나와서 유명해진 사랑 고백이지요. 이 말의 원조는 "내가 아버지 안에 있고, 너희가 내 안에 있고, 내가 너희 안에 있다(요한복음 14장 20절)"라고 말한 예수님입니다.

'내 안에 너 있다.'

내 의식 속에 꿈쩍 않고 자리 잡고 앉아서 사사건건 나를 지배하는 그 사람에 대한 멋진 사랑 표현이지요.

사랑 표현으로 치자면 문학작품만 한 것이 없습니다. 문학은 어차피 사랑에 관한 것이고, 온갖 사랑 표현의 진열장이니까요. 그중에서도 기억에 남는 게 바로 에밀리 브론테의 《폭풍의 언덕》에서 캐서린이 히스클리프에 대한 사랑을 자신의 하녀 넬리에게 고백하는 장면입니다. "내가 겪은 고통은 모두 그의 고통이었어."라고 말하면서 그녀는 결론짓습니다.

"내가 바로 히스클리프야!"

책의 제목 '폭풍의 언덕'은 이 소설의 배경이 되는 집을 가리킵니다. 황량한 언덕 위에 있는 '폭풍의 언덕'이라는 집에 하룻밤 손님이 머무르는데 "좀 들어가게 해달라"는 여자의 울음소리와 함께 창밖에서 하얀 유령의 손가락이 들어오는 장면으로 소설은 시작합니다. 다음 날 손님은 그 집 하녀에게 사연을 듣게 됩니다.

20여 년 전 당시 '폭풍의 언덕' 주인 언쇼는 아들 힌들리와 딸 캐서린 남매를 두었으나 고아 소년 한 명을 데려와 히스클리프라는 이름을 지어주고 함께 키웁니다. 캐서린과 히스클리프는 서로 사랑하지만 힌들리는 아버지의 사랑을 독차지하는 히스클리프를 질투합니다. 세월이 흘러 언셔가 죽자 힌들리는 히스클리프를 하인으로 부리고 히스클리프는 캐서린이 좋은 집안인 이웃집의 린튼을 사랑한다고 오해해 집을 나갑니다. 3년 후에 부자가 되어 돌아온 히스클리프는 죽어가는 캐서린을 만나고, 이후 그는 모든 사람을 파멸로 몰고 가며 악마적인 복수를 합니다. 그러나 결국 히스클리프는 자신의 복수에 허망함을 느끼고 20년간 애타게 그리워한 캐서린의 유령이라도 만나고 싶어 갖은 애를 쓰다가 식음을 전폐하고 죽음을 맞이합니다. 그래서 독자들은 궁극적으로 히스클리프의 복수가 아니라 그의 그 지독한 사랑을 기억합니다.

'폭풍의 언덕'은 미치도록 누군가를 사랑하는 마

음의 상징입니다. 기계 같은 일상에 갇혀 살지만 여러분도 누군가를 미치게 사랑한 경험이 있으시지요? "내 안에 너 있다"를 넘어 "내가 너다!"라고 고백할 수 있는 그런 사랑 말입니다. 오늘 여러분도 누군가를 그리며 마음속에 폭풍이 휘몰아친다면 먼 훗날 창밖에서 들어오는 차가운 손보다는 바로 옆에 있는 따뜻한 손을 잡으시기를 바랍니다.

만약 내가…

만약 내가 한 사람의 가슴앓이를
멈추게 할 수 있다면,
나 헛되이 사는 것은 아니리.
만약 내가 누군가의 아픔을
쓰다듬어줄 수 있다면,
혹은 고통 하나를 가라앉힐 수 있다면,
혹은 기진맥진 지친 한 마리 울새를
둥지로 되돌아가게 할 수 있다면,
나 헛되이 사는 것은 아니리.

— 에밀리 디킨슨, 〈만약 내가… If I Can…〉

---

* 에밀리 디킨슨(Emily Elizabeth Dickinson, 1830~1886)
  미국의 천재 시인 중 한 명으로 꼽히며, 죽은 후에야 그 천재성을 인정받았다. 주로 사랑, 죽음, 이별, 영혼, 천국 등을 소재로 한 명상시를 많이 썼는데, 작고 후 2천여 편의 시를 남긴 것이 알려졌다. 〈만약 내가…〉는 장영희 교수가 특별히 좋아한 시였다.

간혹 아침에 눈을 뜨면 불현듯 의문 하나가 불쑥 고개를 쳐듭니다. 어제와 똑같은 오늘, 아등바등 무언가를 좇고 있지만 결국 나는 무엇을 위해 살아가는가. 딱히 돈인 것 같지도 않고, 그렇다고 명예도 아닙니다. 그냥 버릇처럼 손에 닿는 것은 무엇이든 움켜쥐면서 앞만 보고 뛰다 보면, 옆에서 아파하는 사람도, 둥지에서 떨어지는 기진맥진한 울새도 눈에 들어오지 않습니다.

그렇게 뛰면서 마음이 흡족하고 행복한가 하면 그렇지도 않습니다. 결국 내가 헛되이 살아가고 있지 않은가 하는 두려움은 늘 마음에 복병처럼 존재합니다.

불가에서는 이 세상에 인간으로 태어나는 것은 들판에 콩알을 넓게 깔아놓고 하늘에서 바늘 하나가 떨어져 그중 콩 한 알에 꽂히는 확률이라고 합니다. 그토록 귀한 생명 받아 태어나서, 나는 이렇게 헛되이 살다 갈 것인가.

누군가가 나로 인해 고통 하나를 가라앉힐 수 있다면, 장영희가 왔다 간 흔적으로 이 세상이 손톱만큼이라도 더 좋아진다면, I shall not live in vain….◆ 태풍이 지나고 다시 태양이 내비치는 오후의 화두입니다.

◆ 나 헛되이 사는 것은 아니리.

화살과 노래

공중을 향해 화살 하나를 쏘아 올리니
땅에 떨어졌네 내가 모르는 곳에.
빠르게 날아가는 화살을
내 눈이 따를 수 없었기에.

공중을 향해 노래를 부르니
땅에 떨어졌네 내가 모르는 곳에.
누가 그처럼 예리하고 강한 눈을 가져
날아가는 노래를 따를 수 있으랴.

세월이 많이 흐른 뒤 어느 떡갈나무에서
그 화살을 발견했네 부러지지 않은 채로
그리고 온전한 그대로 그 노래를
한 친구의 가슴속에서 다시 찾았네.

— 헨리 롱펠로, 〈화살과 노래 The Arrow and the Song〉

아프리카 어느 부족은 너무 웃자라 불편하거나 쓸모없게 된 나무가 있을 경우 톱으로 잘라버리는 게 아니라 온 부락민들이 모여 그 나무를 향해 크게 소리 지른다고 합니다.

"넌 살 가치가 없어!"

"난 널 사랑하지 않아!"

"차라리 죽어버려!"

이렇게 상처 주는 말을 계속하면 정말 나무가 시들시들 말라 죽어버린다는 것입니다. 과학적으로 얼마나 증명이 가능한 이야기인지 모르지만, 말 한마디가 생명을 좌우할 수 있을 만큼 중요하다는 뜻이겠지요.

어떤 때는 무심히 내뱉은 말이 남의 가슴에 비수가 되어 꽂히기도 하고, 또 어떤 때는 내 말 한마디

---

* 헨리 롱펠로(Henry Wadsworth Longfellow, 1807~1882)
  미국 시인. 알기 쉬운 표현과 건전한 인생관이 담긴 시로 대중적 인기를 누렸다. 특히 유럽 여러 나라의 민요를 번안·번역해 미국에 소개한 공적이 크다. 단테의 《신곡The Divine Comedy》을 최초로 영어로 번역했으며, 단테에 관해 쓴 소네트 6편이 최대 걸작으로 꼽힌다.

에 힘입어 넘어졌던 사람이 다시 용기를 갖고 일어나기도 합니다. 그만큼 내가 지금 하는 말은 그냥 허공에서 사라지는 것이 아니라 누군가의 가슴속에서 영원한 생명을 갖습니다. 노래하는 마음, 시를 쓰는 마음으로 하는 말은 누군가의 가슴속에서 영원히 보석처럼 빛납니다.

눈가루

까마귀 한 마리
독당근나무 위에서
눈가루를
내 머리 위로 흩뿌리니

내 마음 밝아져
수심에 싸였던
나의 하루가
새로워지네.

— 로버트 프로스트, 〈눈가루Dust of Snow〉

---

* **로버트 프로스트**(Robert Lee Frost, 1874~1963)
  미국 시인. 퓰리처상을 4회 수상했으며, 케네디 대통령 취임식에서 자작시를 낭송하는 등 폭넓은 활동을 펼쳐 20세기 미국의 계관시인으로 불린다. 자연과 소박한 농경 생활 등을 노래해 현대 미국 시인 중 가장 순수한 시인이자 고전을 잇는 시인으로 꼽힌다.

어느 겨울날 시인이 무엇인가 수심에 차서 나무 밑을 걸어가고 있는데, 마침 까마귀 한 마리가 후다닥 날갯짓으로 가지 위의 흰 눈을 흩뜨립니다. 근심으로 상기된 얼굴에 차가운 눈가루가 닿는 순간, 문득 기분이 상쾌해지고 새로워집니다.

영화 〈사운드 오브 뮤직〉에서 마리아가 노래했던 일상 속 행복도 생각납니다.

장미 위에 떨어지는 빗방울, 새끼 고양이 수염, 반짝이는 구리 찻주전자…. 아작아작한 애플파이, 도어벨 소리, 코끝과 속눈썹 위에 내려앉는 눈송이들…. 내 마음이 슬퍼질 때 나는 이런 것들을 기억합니다. 그러면 기분이 훨씬 나아지지요.

네잎클로버가 행운의 상징이라면 세잎클로버는

행복을 상징한다고 합니다. 로또 복권에 당첨되는 행운은 아무리 눈 크게 뜨고 찾아도 없지만, 찾기만 하면 눈에 띄는 세잎클로버처럼 행복은 바로 내 옆에 숨어 있는지도 모릅니다. 비 오는 오후에 마시는 따뜻한 커피 한 잔도 수심에 싸였던 내 하루를 새롭게 하는 행복입니다.

꿈

꿈을 잡아라
꿈이 사그라지면
삶은 날개 부러져
날지 못하는 새이니.

꿈을 잡아라
꿈이 사라지면
삶은 눈으로 얼어붙은
황량한 들판이니.

— 랭스턴 휴스, 〈꿈Dreams〉

---

* 랭스턴 휴스(James Mercer Langston Hughes, 1901~1967)
  미국의 시인, 소설가, 극작가. '흑인 문학의 외교관'이라 불릴 정도로 흑인의 자부심을 노래하는 감동적인 시를 많이 썼다. 소설, 희곡, 산문, 평론 등 다양한 분야에서 글을 발표해 '할렘의 셰익스피어'라 불리기도 한다.

시인은 말합니다. 꿈과 희망은 바로 우리 삶에 자유를 주는 날개, 아니 생명을 주는 힘이라고. 그것은 시인 자신이 일생 동안 가졌던 신념이었습니다. 성공한 작가가 되기까지, 흑인으로서 가난한 편모슬하에서 교육받고 재능을 인정받는 것은 결코 쉽지 않았습니다. 그러나 휴스는 자서전에 자신에게 꿈을 심어준 고등학교 영어 선생 에셀 와이머의 말을 기록하고 있습니다.

"무슨 일을 할 때, 지금은 받아들여지지 않을지라도 바로 그것이야말로 때가 오면 사람들이 인정하게 될 아주 진실되고 아름다운 방법일 수 있다."

'진실되고 아름다운 방법'을 지키기 위해 운명에 대항하고 사회정의를 위해 싸웠다고 시인은 말합니다. 그의 시 〈경구Epigram〉는 휴스의 인생관을 요약하고 있습니다.

아, 먼지와 무지개의 신이여

먼지 없이는 무지개도 없다는 것을 깨닫도록 도와주소서.

나도 나의 제자들에게 꿈과 용기를 주는 선생인가, 삶의 '진실되고 아름다운 방법'을 가르치고 있는가 자문해봅니다…. 아무리 생각해도 아닌 것 같습니다.

아침 식사 때

우리 아빠는요, 아주 우스운 방법으로 아침을 먹어요.

하루 중 첫 식사 때 우리는 아빠를 볼 수 없지요.

엄마가 음식을 앞에 놓아드리면, 아빠는 자기 자리에 앉죠.

그러고 나서 신문을 집어 들면, 우리는 아빠 얼굴을 볼 수 없죠.

아빠가 커피를 후후 부는 소리, 토스트 씹는 소리는 들려요.

하지만 아빠가 제일 좋아하는 건 아침신문 같아요.

─에드거 게스트, 〈아침 식사 때 At Breakfast Time〉

---

* 에드거 게스트 (Edgar Albert Guest, 1881~1959)
  미국 시인. 영국에서 태어나 1891년 가족과 함께 미국으로 이주했다. 신문 편집인으로 일하다가 시인, 칼럼니스트로 전향했다. 평범한 사람들의 일상을 다룬 밝은 시, 읽기 쉬우면서도 호소력 있고 감상적인 시로 사랑받았다.

때때로 아이들은 그 해맑은 얼굴 뒤에서 무슨 생각을 하고 있는지 궁금합니다.

대여섯 살쯤 되는 어린아이의 시점으로 쓰인 시입니다. day/way, place/face, toast/most로 완벽한 각운을 맞추면서 구어체로 '우리 아빠는요'로 시작하는 장난기 어린 어린아이의 맑은 목소리지만, 마지막 행에 가서는 눈물이 조금 섞여 있는 것 같습니다. 신문에 가려 아빠의 얼굴을 못 보는 게 안타까운 아이는 아빠가 자기보다 커피, 토스트 그리고 신문을 더 사랑한다고 생각합니다.

혹시 당신도 얼굴 없는 아빠가 아닌지요.

바람 속에 답이 있다

얼마나 많은 길을 걷고 나서야 그는

진정 사람 취급을 받을 수 있을까.

얼마나 많은 바다 위를 날아야 흰 비둘기는

백사장에서 편안히 잠들 수 있을까…

얼마나 많은 포탄이 휩쓸고 나서야

세상에 영원한 평화가 찾아올까…

얼마나 오랜 세월을 살아야

다른 이들의 울음소리를 들을 수 있을까…

친구여, 그 답은 바람 속에 있습니다.

그건 바람만이 대답할 수 있습니다.

— 밥 딜런, 〈바람 속에 답이 있다Blowin' in the Wind〉 중

---

* **밥 딜런**(Bob Dylan, 1941~)
  미국의 대중음악 가수, 작사가, 작곡가이자 시인이며 화가. 열 살 때부터 시를 쓰기 시작했고, 그의 노랫말은 미국 고등학교와 대학 교과서에 실릴 정도로 문학적 가치를 인정받는다. 1982년 작곡가 명예의 전당, 1988년 로큰롤 명예의 전당에 입성했으며 2000년 폴라음악상을, 2016년에는 노벨문학상을 수상했다.

음유시인으로 잘 알려진 밥 딜런의 유명한 노래 〈바람 속에 답이 있다〉의 가사입니다. 오래전부터 딜런에게 노벨문학상을 수여해야 한다고 주장하는 사람들이 있었고,◆ 어제 아침엔 그의 시들이 셰익스피어나 T. S. 엘리엇에 견줄 만하다고 책을 쓴 영문학자 소식도 신문에서 읽었습니다.

딜런(그가 좋아했던 영국 시인 딜런 토머스에서 따온 이름)의 시는 사람a man이지만 사람이라고 불리지 못하는 사람들(오랫동안 흑인 남자는 boy라고 불렸죠), 자유가 없는 사람들, 전쟁 속에서 희생되는 사람들을 위해 '사람답게 살 권리', '생명을 지킬 권리'를 놓고 싸우는 저항의 목소리와 '다른 이들의 울음소리'를 들을 줄 아는 따뜻한 마음으로부터 나옵니다. 그가 다른 유명한 시인들과 다른 점이 있다면, 그의 시들은 책 속에 있지 않고 우리 삶 속에 있다는 것입

◆ 2016년 노벨문학상 수상함.

니다.

'얼마나 오랜 세월을 살아야…'라고 딜런은 노래 불렀지만, 거의 40년이 흐른 지금도 변한 건 하나도 없는 것 같습니다.

행복

인생의 의미를 가르치는

교수님들을 찾아가

행복이 무엇인지 물어보았습니다.

그들은 다들 고개를 내저으며

내가 장난이나 치고 있다는 듯

웃기만 했습니다.

그러다가 어느 일요일 오후 나는

나무 아래에서

아내와 아이들을 데리고 맥주통과 손풍금을 곁에 둔

한 무리의 헝가리인들을 보았습니다.

— 칼 샌드버그, 〈행복Happiness〉

---

* 칼 샌드버그(Carl Sandburg, 1878~1967)
미국 시인. 〈시카고Chicago Poems〉(1916)를 발표해 시인으로서 명성을 얻었다. 부두 노동자나 트럭 운전사들의 속어나 비어를 그대로 사용하면서 시카고라는 근대도시를 솔직, 대담하게 다뤄 전통 시어에 집착하는 사람들에게 충격을 주었다. 링컨 연구자로 유명하며, 퓰리처상을 3회 수상했다.

행복하지 못하다고 생각하는 사람이 있었습니다. 상사에게 야단맞고 부인은 늘 잔소리고, 사는 게 재미없었습니다. 그는 행복의 나라로 가기로 했습니다. 걷고 또 걸어 이제 사흘만 가면 행복의 나라에 도착할 수 있었습니다. 그런데 그날 밤 장난꾸러기 요정이 그의 구두코를 반대 방향으로 돌려놓았습니다.

아침에 일어나 구두코가 향한 대로 사흘을 걸어간 그는 드디어 행복의 나라에 도착했습니다. 그 나라에는 아침에 나갈 직장이 있고, 곁을 지켜주는 아내가 있었습니다. 그는 행복하게 살았습니다.

행복의 조건은 세 가지―사랑하는 사람, 내일의 희망, 내가 할 수 있는 일―라고 합니다. 당신이 행복하지 않다고 생각하면 구두코를 반대 방향으로 놓아보십시오.

사랑에 관한 시

사랑을 하게 되면 우리는 풀을 사랑하게 된다
그리고 헛간도, 가로등도
그리고 밤새 인적 끊긴 작은 중앙로들도.

— 로버트 블라이, 〈사랑에 관한 시 Love Poem〉

* 로버트 블라이(Robert Elwood Bly, 1926~2021)
  미국의 시인, 번역가, 에세이스트, 편집인. 왕성한 문필활동으로 미국 문단에서 영향력을 떨쳤다. 다양한 시론을 발표하고 유럽과 중남미 주요 시인들의 작품을 번역, 출간하면서 주목받았다. 깊이 있는 내용, 본질을 꿰뚫는 시선으로 잘 알려져 있다.

에리히 프롬은 《사랑의 기술The Art of Loving》 이라는 책에서 "미성숙한 사랑은 '당신이 필요해서 당신을 사랑합니다'라고 말하고, 성숙한 사랑은 '당신을 사랑해서 당신이 필요합니다'라고 말한다."고 했습니다.

사랑의 기본 원칙은 내 삶 속에서 상대방의 존재 가치를 인정하는 것입니다. 그래서 사랑을 하면 세상의 중심이 내 안에서 바깥으로 이동하여 마음이 한없이 커지고 순해집니다. 열매가 주렁주렁 열린 아름드리나무뿐 아니라 길옆에 숨어 있는 작은 풀 한 포기도, 하늘을 찌를 듯 높고 멋있는 빌딩뿐 아니라 초라한 헛간도, 휘황찬란하게 밝은 네온사인뿐 아니라 희미한 가로등도, 사람들이 왁자지껄한 큰길뿐 아니라 아무도 가지 않는 외로운 길도, 이 세상에서 버림받은 것들, 하잘것없는 것들까지 모두 애틋하고 소중하게 생각됩니다.

  사랑하므로 그 사람이 꼭 필요해서 '나와 당신'이 아니라 '나의 당신'이라고 부르게 되는 것, 그게 사랑입니다.

40 러브

테‖니스를

치는‖중년

나이의‖부부

게임‖이

끝나‖고

두‖사람

집에‖갈 때

네트‖는

여전‖히

그들‖사이

에‖있다

― 로저 맥거프 〈40 러브 40-Love〉

* 로저 맥거프(Roger McGough, 1937~)
 영국의 시인, 극작가, 방송작가, 아동문학가. 'The Scaffold'라는 코미디·시·팝음악 트리오 멤버였고, 시, 극작, 영화, 방송 등 다양한 부문에서 활동하며 상을 많이 받았다. 특히 대중문화와 팝음악에서 영감을 얻어 상상력을 자극하고 재치 있는 시를 쓰는 것으로 유명하다.

주제를 형상화한 시입니다. 네트를 가운데 두고 테니스를 치는 중년 부부, 겉으로는 정답게 보이지만 서로에게 마음을 열지 않았습니다. 마음과 마음 사이에 벽이 있습니다.

비단 부부 사이만은 아니겠지요. 부모와 자식, 친구와 친구, 스승과 제자, 상사와 직원 사이에도 분명 네트는 존재합니다. 각자 맡은 역할을 담당하며 '사회적' 교류는 있지만 '인간적' 교류가 없는 것. 그것을 시인은 네트로 표현하고 있습니다.

시인이 글자와 글자 사이에 'ǁ'로 네트를 쳐놓은 것은 우리 사이에 네트가 너무 많다는 것을 표시한 것이겠지요. 우리 주변 어디에나 있는 질시와 무관심과 불신의 네트 말입니다.

자작나무

인생은 꼭 길 없는 숲 같아서
거미줄에 얼굴이 스쳐
간지럽고 따갑고,
한 눈은 가지에 부딪혀
눈물이 나기도 한다.
그러면 잠시 지상을 떠났다가
돌아와 다시 새출발을 하고 싶다.
세상은 사랑하기 딱 좋은 곳
여기보다 좋은 곳이 또 어디 있을까.

— 로버트 프로스트, 〈자작나무Birches〉 중

인생은 길 없는 숲이고, 길을 찾아 숲속을 헤매는 것이 우리네 인생살이입니다. 나무를 헤치며 가다 보면 때로는 얼굴에 거미줄이 걸리기도 하고 나뭇가지에 눈이 찔리기도 합니다. 그러면 길을 잘못 들었다는 생각에 떠났다 돌아와 처음부터 다시 시작하고 싶습니다. 그렇지만 시 중간에 시인은 말합니다.

 운명이 내 말을 일부러 오해하여
 내 소원의 반만 들어주어 날 아주 데려가
 돌아오지 못하게 하지 않기를.

 잠시 떠나고 싶지만 영원히 떠나고 싶지는 않은 곳이 바로 이 세상입니다. 어차피 운명은 믿을 만한 게 못 되고 인생은 두 번 살 수 없는 것. 오늘이 나머지 내 인생의 첫날이라는 감격과 열정으로 사는 수밖에요.

엄마와 하느님

하느님이 손가락을 주셨는데 엄만 "포크를 사용해라" 해요

하느님이 물웅덩이를 주셨는데 엄만 "물장구 튀기지 마라" 하고요

하느님이 빗방울을 주셨는데 엄만 "비 맞으면 안 된다" 해요

난 별로 똑똑하지 못하지만 한 가지는 분명해요—

엄마가 틀리든 하느님이 틀리든 둘 중 하나예요.

— 셸 실버스타인, 〈엄마와 하느님Ma and God〉 중

---

* 셸 실버스타인(Shel Silverstein, 1930~1999)
미국의 아동·성인작가, 시인, 만화가, 극작가, 작사·작곡가. 세계적인 베스트셀러 《아낌없이 주는 나무The Giving Tree》의 작가이며 시적인 문장, 해학과 기지가 담긴 그림으로 전 세계 독자들에게 사랑받고 있다. 1950년대 한국과 일본에서 군복무를 하기도 했다.

우리에게는 《아낌없이 주는 나무》로 잘 알려진 작가가 쓴 동시입니다. 천진한 어린아이의 시점으로 어른들의 세계를 꼬집고 있습니다. 자연스러운 것을 포기하고 무조건 효율적인 것만을 따지는 어른들, 자유로운 창의력을 짓누르고 정형만을 고집하는 세상을 비판하고 있습니다.

무엇이든 빠르고 크고 편리한 것만 좇는 이 세상에서 우리는 정말 신이 내려주신 자연과 인간의 모습에서 자꾸 멀어져가고 있는 것 같습니다.

부서져라, 부서져라, 부서져라

부서져라, 부서져라, 부서져라,
오 바다여! 네 차디찬 잿빛 바위 위로,
내 혀가 내 속에 치밀어 오르는
생각들을 표현할 수 있었으면 좋으련만.

오, 저 어부의 아들은 좋겠구나,
누이와 장난치며 고함지르네!
오, 저 젊은 사공은 좋겠구나,
포구에 배 띄우고 노래 부르네! (…)
하지만 가버린 날의 다정한 행복은
내게 다시는 돌아오지 않으리.

— 앨프리드 테니슨, 〈부서져라, 부서져라, 부서져라Break, Break, Break〉 중

철썩, 철썩 파도가 밀려와 바위 위로 부서지는 바다—자연과 하나가 되어 행복한 아이들을 보며 시인은 지나간 날의 영광과 행복을 생각합니다. 이 시를 읽다 보면 육당 최남선의 〈해(海)에게서 소년에게〉라는 시가 생각납니다.

처…ㄹ썩, 처…ㄹ썩, 척, 쏴…아,
때린다 부순다 무너 버린다. (…)
나의 큰 힘 아느냐 모르느냐,
(…)
손뼉만 한 땅을 가지고,
고 속에 있어서 영악한 체를,
부리면서, 나 혼자 거룩하다 하는 자, (…)
나를 보아라.
처…ㄹ썩, 처…ㄹ썩, 척, 튜르릉, 꽉.

자연 앞에서 인간은 정말이지 힘없고 왜소한 존재입니다. 알면서도 모른 척, 손바닥만 한 땅 위에서 아등바등 서로 잘난 척, 거룩한 척 제멋대로 살아갑니다. 그러다 문득 바다를 보면, 내 죄를 다 안다는 듯 무섭게 덮치는 파도를 보면, 불현듯 그 거대한 힘이 무섭고 살아온 세월이 슬퍼질 때가 있습니다.

10월

10월이 내 단풍나무 잎을 황금색으로 물들였네
이제 거의 다 떨어지고 여기저기 한 잎씩 매달렸네
머잖아 그 잎들도 힘없는 가지로부터 떨어질 것
죽어가는 수전노의 손가락에서 흘러나오는 동전처럼

— 토머스 올드리치, 〈10월 Maple Leaves〉

---

* 토머스 올드리치(Thomas Bailey Aldrich, 1836~1907)
  미국의 시인, 작가. 대학 진학의 꿈을 접고 일찍부터 일을 시작했다. 젊은 시인, 예술가들과 교류하며 편집 일을 하다가 운문과 산문 모두에 두각을 나타내며 자신의 글로 세상에 이름을 알렸다.

10월입니다. 오곡백과가 풍성함을 자랑하는 성취와 감사의 달입니다. 그런가 하면 자연이 또 한 번의 치열한 삶을 마감하며 순명으로 죽음을 준비하는 달이기도 합니다. 그래서 삶과 죽음이, 만족과 겸손이 공존하는 달입니다. 자연의 순환에 몸을 맡기고 마지막으로 자신을 불태우는 낙엽의 모습이 너무나 아름답습니다.

　무엇보다 10월은 아쉬움의 달입니다. 올해만은 꼭 잘 살아봐야지, 굳게 마음먹었던 계획은 하루하루 버거운 살림살이에 이미 잊었는데, 인생 기차는 어느덧 또 하나의 정거장을 향해 달려가고 있습니다. 아무리 움켜쥐어도 결국은 손가락 사이로 흘러갈 것을, 순순히 미련 없이 떨어지는 단풍잎의 모습을 보고 배우라고 시인은 말하고 있는지도 모릅니다.

낙엽은 떨어지고

가을이 우리를 사랑하는 기다란 잎새 위에,
보릿단 속 생쥐 위에도 머뭅니다.
머리 위 마가목 잎이 노랗게 물들고
이슬 젖은 산딸기 잎새도 노랗습니다.
사랑이 이울어가는 시간이 다가왔습니다.
슬픈 우리 영혼은 지금 피곤하고 지쳐 있습니다.
헤어집시다. 정열의 계절이 우리를 잊기 전에
그대 숙인 이마에 입맞춤과 눈물을 남기며.

— 윌리엄 예이츠, 〈낙엽은 떨어지고 The Falling of the Leaves〉

* 윌리엄 예이츠(William Butler Yeats, 1865~1939)
  아일랜드의 시인, 극작가. 20세기 영미시단을 대표하는 시인으로 꼽힌다. 환상적인 주제를 즐겨 다루어 낭만적인 시가 많다. 시적인 극작품들을 발표하기도 했으며, 1923년에 노벨문학상을 수상했다.

쌀쌀한 날씨 때문에 보릿단 속에 숨은 생쥐, 머리 위로 떨어지는 노란 단풍잎들, 열매는 다 떨어지고 축축한 잎만 남은 산딸기―가을 풍경은 성숙과 함께 불가피하게 죽음을 맞이해야 하는 자연의 법칙을 말해줍니다.

시인은 가을처럼, 이제 사랑도 정열이 식고 그 충만함을 잃었다고 개탄합니다. 종지부를 찍듯이 '한 번의 입맞춤a kiss'과 '눈물 한 방울a tear'이라고 매몰차게 말해보지만, '그대 숙인 이마'는 그 이별이 얼마나 어려운지를 말해줍니다.

하지만 잎새들이 다시 살기 위해 죽어야 하듯 더욱 성숙한 사랑을 맞이하기 위해 간혹 죽음 같은 이별도 감수해야 합니다. 시인은 낙엽 떨어지는 가을이 이별에 걸맞은 계절이라고 말하고 있습니다. 가을은 생명이 스러져가는 계절이고, 사랑도 생명과 같기에….

크리스마스 종소리

성탄절에 종소리를 들었다

귀에 익은 캐럴송들을,

요란하고 달콤하게

노래 가사는 반복된다

땅에는 평화, 사람들에게 사랑을! (…)

나는 절망해서 고개를 숙이고

'땅 위에 평화는 없다'고 말했다.

'증오가 너무 강하고

땅에는 평화, 사람들에게는 사랑을!

이런 노래를 조롱할 뿐'

그때 종소리가 더욱 크고 깊게 울렸다

'신은 죽지도, 잠들지도 않았다!

그릇된 자들은 멸망할 것이며

옳은 자들은 승리할 것이다

땅의 평화와 사람들의 사랑으로.'

— 헨리 롱펠로, 〈크리스마스 종소리〉 중

성탄입니다. 크리스마스트리가 하늘을 찌를 듯하고 가로수마다 달린 수천만 개의 꼬마전등이 빛의 터널을 이루고, 크리스마스 캐럴과 구세군 종소리가 요란하게 울려 퍼집니다.

'땅에는 평화, 사람들에게는 사랑을!'

휘황찬란한 네온사인 속에서 그리스도인이 아니더라도 축제 분위기에 휩싸입니다.

하지만 그 화려한 기쁨 뒤에는 여전히 증오가 있습니다. 평화 뒤에는 전쟁이 있습니다. 목청껏 캐럴을 부르는 사람들 뒤에는 구세주의 탄생을 기다리고 축하할 힘조차 없는 사람들이 있습니다. 그래서 우리는 간혹 묻습니다.

"당신은 정말 계십니까?"

'신은 죽지도, 잠들지도 않았다. 옳은 자들은 승리할 것이다. 하느님의 평화와 사랑의 힘으로.'

이 세상에서 가장 가난하고 낮은 곳으로 사람 되어 오시는 아기 예수님을 환영하며, 독자 여러분 성탄 축하합니다!

새해 생각

이제 위대한 새해의 시작이다.
새로운 지혜가 꽃피고 자라기 시작한다.
천상지복의 새로운 비밀이 열리기 시작한다.
이를 맞기 위해 그대는 스스로를 크게 키운다.
그것이야말로 바로 그대가 숭고한 이유이다.
이 찬란한 천상의 복을 받을 준비가 되어 있는가?
우주의 지혜를 깨닫고 받아들일 준비가 되어 있는가?

— 램 바르마, 〈새해 생각 New Year Thoughts〉

* 램 바르마(Ram P. Varma, 연대 미상)
  시인, 작가, 명상 지도자. 인도 철학자이자 성자인 카비르의 전기 《Kabir: Biography & Philosophy》와 《This Splendid World of Yours》 등 힌두이즘, 명상, 자기강화에 대한 책을 썼다.

새벽을 깨는 닭 울음소리와 함께 새해가 시작되었습니다. 정말 시인의 말처럼 새로운 지혜가 꽃피고 천상지복의 새로운 비밀이 열리는, 그런 '위대한 새해'가 되었으면 참 좋겠습니다.

그런데 시인은 조건을 내세웁니다. 천상의 복을 받기 위해서는 우리 스스로 자격을 갖추어야 한다고 말입니다. 복을 받기 위해서는 우리 스스로가 커져서 하나의 우주가 되어야 하고, 그것이야말로 내 안에 잠자고 있는 위대한 능력이라고 말입니다. 그래서 시인은 묻습니다.

"당신은 복을 받을 준비가 되어 있습니까?"

스스로를 크게 키운다는 말은 무슨 말일까요. 한껏 마음이 커져야 한다는 말이겠지요. 생명에 감사할 줄 알고, 세상의 치졸함과 악을 뛰어넘을 줄 알고, 한 발자국 떨어져서 삶의 아름다움을 느낄 줄 알고, 아, 그리고 기적을 일으킬 수 있는 내 마음속의 위대함을 깨닫는 일이 아닐까요. 그런 거라면 우리는 벌써 한껏 복을 받고 희망으로 새해를 시작합니다.

서풍에 부치는 노래

오, 나를 일으키려마, 물결처럼, 잎새처럼, 구름처럼!

(…) 우주 사이에 휘날리어 새 생명을 주어라!

그리하여, 부르는 이 노래의 소리로,

영원의 풀무에서 재와 불꽃을 날리듯이,

나의 말을 인류 속에 넣어 흩어라!

내 입술을 빌려 이 잠자는 지구 위에

예언의 나팔 소리를 외쳐라! 오, 바람아,

겨울이 만일 온다면 봄이 어찌 멀었으리오?

— 퍼시 셸리, 〈서풍에 부치는 노래 Ode to the West Wind〉 (함석헌 역) 중

---

* 퍼시 셸리(Percy Bysshe Shelley, 1792~1822)
  영국 시인. 압제와 인습에 대한 반항, 이상주의적 사랑과 자유를 동경하며 섬세한 정감을 노래했다. 메리 셸리의 남편이며 바이런, 키츠와 함께 낭만주의 시대의 대표 작가로 꼽힌다. 〈생의 승리 The Triumph of Life〉라는 장시를 미완성으로 남겨둔 채 요트 항해 중 태풍으로 익사했다.

함석헌 옹이 "슬프면서도 녹아드는 혼의 기도"이자, "나를 몇 번이나 엎어진 데서 일으켜준 시"라고 표현한 셸리의 〈서풍부西風賦〉입니다. 우리에게는 마지막 행 '겨울이 만일 온다면 봄이 어찌 멀었으리오?'라는 구절로 익숙한 시이기도 합니다.

코끝에 쌩하고 부는 바람이 얼음같이 차갑습니다. 아니 그보다 '인생의 무거운 짐을 지고 인생의 가시밭에 넘어지는' 마음이 더 추운 겨울입니다. 그러나 시인은 '반항 정신'을 말하고 있습니다. 춥다고 웅크리기보다 일어나 뛰면 훈훈해지듯이 삶에도 반항 정신이 필요합니다. 운명으로 치부하고 주저앉기보다 일어나 반항하는 투쟁이야말로 삶을 더욱 값지게 합니다. 이제 겨울이니 봄이 멀지 않듯이, 마음의 겨울에도 분명 머지않아 봄이 찾아올 테니까요.

눈덩이

눈덩이 하나를 아주 멋지게 만들었어요.
애완동물로 길들여서 함께 자려고요.
잠옷도 만들고 머리에 베개도 만들어주었어요.
그런데 어젯밤에 도망갔어요.
하지만 그러기 전에—침대에 오줌을 쌌네요.

— 셸 실버스타인, 〈눈덩이Snowball〉

어둑어둑 해 질 녘에 파주 쪽으로 드라이브를 하고 있었습니다. 그런데 함께 탔던 네 살짜리 조카 민수가 말했습니다.

"이모, 산들이 피곤해서 엎드려 자고 있나 봐."

문득 보니 멀리 둘러싸인 산들이 정말 길게 엎드려서 누워 있는 듯 보입니다.

이 시는 어린아이의 시점으로 쓰인 동시입니다. 눈이 녹아서 침대가 젖은 것을 오줌 싼 것으로 생각, 눈을 크게 뜨고 재미있게 바라보는 아이의 얼굴이 눈에 선합니다. 무생물에 생명을 투사해 생각할 수 있는 상상력, 상대방에게 자신을 이입해서 생각할 수 있는 능력은 바로 어린아이만이 가질 수 있는 능력인지도 모릅니다.

어른이 되면서 점차 상상력보다는 논리와 이성이 앞서고 나는 나, 너는 너의 구별이 뚜렷해집니다. 점점 세상이 재미없어집니다.

2월의 황혼

새로 눈 쌓여 매끄러운
산 옆에 서 있었습니다.
차가운 저녁 빛 속에서
별 하나가 내다봅니다.

내가 보고 있는 걸
아무도 보는 이 없었지요.
나는 서서 별이 나를 보는 한
끝없이 그 별을 바라보았습니다.

— 사라 티즈데일, 〈2월의 황혼February Twilight〉

---

* 사라 티즈데일(Sara Teasdale, 1884~1933)
  미국 시인. 고전적 단순성과 차분하면서도 강렬한 표현으로 개인적인 주제의 짧은 서정시를 써서 사랑받았다. 1918년 《사랑의 노래Love Songs》로 퓰리처상을 받았다.

2월의 어느 눈 내린 저녁, 맑게 개어가는 어스름 하늘에 별 하나가 떴습니다. 문득 별 하나와 내가 마주 섰습니다. 온 세상에 다른 아무것도 없이 나와 별, 둘만 존재하는 것 같습니다. 호젓하고 외로운 정경 같지만 우주 한가운데에 내 마음을 꽂아놓은 듯, 평화와 기쁨이 물밀듯 밀려옵니다.

간혹 그런 순간이 있습니다. 마치 이 복잡다단하고 누추한 세상에서 떨어져 나와 4차원의 세계로 옮겨 간 듯, 나와 자연과의 완전한 합일을 느낄 때가 있습니다. 영혼을 물에 담가 깨끗이 씻듯 맑고 신성한 순간입니다.

그럼 시인은 왜 하필이면 2월의 저녁이라고 했을까요? 2월은 겨울과 봄이 교차하는 때입니다. 삭막한 겨울을 보내고 봄을 기다리는 마음이 애틋하고 순수하기 때문이 아닐까요.

삶은 작은 것들로 이루어졌네

삶은 작은 것들로 이루어졌네
위대한 희생이나 의무가 아니라
미소와 위로의 말 한마디가
우리 삶을 아름다움으로 채우네.
간혹 가슴앓이가 오고 가지만
다른 얼굴을 한 축복일 뿐
시간이 책장을 넘기면
위대한 놀라움을 보여주리.

― 메리 하트만, 〈삶은 작은 것들로 이루어졌네〉

---

* 메리 하트만(Mary R. Hartman, 연대 미상)
 1941년 당시 미국에서 인기 있던 시를 엮어 낸 《가슴을 울리는 시들Poems that Touch the Heart》에 실렸다는 것 외에 작가와 작품에 대해 알려진 바가 많지 않다. 해당 책은 초판 이래 65만 부 이상 팔렸으며 〈삶은 작은 것들로 이루어졌네Life's Made up of Little Things〉는 미국인에게 용기를 주는 시로 전해진다.

이제껏 하루하루 성실하고 부지런하게 살아왔습니다. 남들 놀 때 놀지 않고 한 푼이라도 더 벌려고 악착같이 일했습니다. 드디어 내 삶도 위대한 계기를 맞이할 때가 되었습니다. 내 그릇에 비해 너무 작게, 사소한 일에 매달려 시간을 낭비하고 살아왔습니다.

새해에는 내 삶도 드디어 대박을 터뜨리리라는 기대를 가져봅니다. 영웅적인 희생을 하고, 세상에 이름을 떨치고, 역사에 길이 남는 그런 기회도 꿈꾸어봅니다.

그러나 시인은 결국 삶은 작은 것들로 이루어진다고 말합니다. 작은 미소와 위로의 말 한마디, 별것 아닌 작은 것들이야말로 삶을 아름답게 채울 수 있다고 말합니다.

새해엔 지금 내가 누리는 '작은 것들'에서 위대함

을 찾을 수 있기를, 그래서 더욱 행복한 해가 되었으면 합니다.

봄 노래

한 해의 봄

하루 중 아침

아침 7시

언덕에는 진주 이슬 맺히고

종달새는 날고

달팽이는 가시나무 위에

하느님은 하늘에

모든 것이 평화롭다!

— 로버트 브라우닝, 〈봄 노래 Spring Song〉

---

* 로버트 브라우닝(Robert Browning, 1812~1889)
  영국의 시인이자 극작가. 엘리자베스 브라우닝의 남편이자 빅토리아 왕조를 대표하는 시인이다. 극적 독백 수법을 통한 복잡한 심리묘사가 작품의 특징인데, 이로 인해 생전에는 대중에게 어렵게 느껴지다 사후에 그 가치를 인정받았다.

길고 긴 겨울이었습니다. 그래도 눈 오는 산의 참나무처럼 우리는 내공의 힘을 키우며 잘 견뎌냈습니다. 이제 봄맞이 준비를 합니다.

 시인은 언덕에는 이슬 맺히고 종달새 날아다니는 화창한 봄날 아침을 그리고 있습니다. 하느님은 하늘에, 인간은 땅에, 달팽이는 가시나무 위에—세상만사가 제자리를 차지하고 있는 완벽한 질서와 평화를 보여줍니다.

 봄은 한 해의 시작이요, 아침은 하루의 시작. 새로운 시작은 희망을 말합니다. 겨울에 죽지 않고 살아난 만물이 이제는 생명을, 희망을 말할 때입니다. 살아남은 것들은 희망을 맞이할 당당한 자격이 있습니다. 그래서 우리도 다시 새 봄에 새로운 힘을 얻고 새 희망을 맞이합니다.

4월에

갈색 소녀 나무들아.
보드라운 갈색 곱슬머리를
너의 갈색 얼굴 주변으로 흔들어라.
너의 가느다란 갈색 몸을 쭉 펴라.
너의 가느다란 갈색 팔을 뻗어라.
너의 가느다란 갈색 발가락을 펼쳐라.
우리보다 더 잘 아는 자 누가 있으랴.
4월이 울고 웃으면서
다시 한번
우리 마음에 오는 것이
무얼 의미하는지.

— 앤젤리나 그림케, 〈4월에 At April〉

---

* 앤젤리나 그림케(Angelina Weld Grimké, 1880~1958)
  미국의 시인, 극작가, 언론인, 교사. 유력한 노예 소유주 집안에서 백인 농장주 아버지와 흑인 노예 어머니 사이에서 태어났다. 그러나 부모로부터 독립한 뒤에는 인습에 반대하고 여성의 사회 활동을 주장했다. 특히 뉴욕 할렘가의 흑인 재즈가 문학으로 번지면서 일어난 문학적 혁명, 이른바 '할렘 르네상스' 시대의 중요한 선구자 역할을 하기도 했다.

인문관을 나서다가 아, 하고 깜짝 놀랐습니다. 마치 꽃 폭죽을 터뜨려놓은 듯, 목련과 벚꽃이 구름처럼 피어 있었습니다. 바로 엊그제만 해도 차가운 날씨에 앙상한 갈색 나뭇가지만 떨고 있었던 것 같은데 어느새 문득 기지개를 켜고 일어난 듯, 가지마다 초록빛 물이 오르고 벌써 풍성한 꽃까지 매달고 서 있었습니다. 4월은 그렇게 다시 한번 우리 곁에 왔습니다.

4월이 우리 마음에 온다는 것은 무엇을 의미할까요. 깨어나는 생명으로 마음이 설레고 기쁘기도 하지만, 다시 새롭게 계절의 순환을 타며 치열한 한 해를 보내기가 조금 겁나기도 합니다. 흐드러지게 핀 꽃의 화려함 때문에 행복하기도 하고, 그 화려함에 대비해 더욱 드러나는 어둠이 슬프기도 합니다. 그래서 웃고도 싶고 울고도 싶고, 4월은 두 가지 마음입니다.

5월은

햇빛 번지는 푸른 하늘
나무 밑의 녹색 그림자
숱한 새들의 노랫소리
부드럽고 따뜻한 미풍
연분홍, 진줏빛 흰색 꽃
만발한 과일 나무들
보라색 구름 흔드는 라일락
진정 아름다운 모습이어라.
꽃피는 나무 하나하나
커다랗고 아름다운 꽃다발
새들과 꽃들의 달인
향기롭고 아름답고 즐거운 5월에.

— 모드 그랜트, 〈5월은 May is〉

---

* **모드 그랜트**(Maude M. Grant, 1876~1930)
  미국의 시인이자 동화작가. 이미지와 운율이 있는 짧고 아름다운 서정시를 주로 썼고 어린이를 위해 도덕적이고 애국적인 내용을 담은 동화를 발표했다. 대표작으로 《Little Citizens and Their Flags》 등이 있다.

오월은 금방 찬물로 세수를 한 스물한 살 청신한 얼굴이다.

하얀 손가락에 끼여 있는 비취가락지다.

오월은 앵두와 어린 딸기의 달이요, 오월은 모란의 달이다.

그러나 오월은 무엇보다도 신록의 달이다. 전나무의 바늘잎도 연한 살결같이 보드랍다.

(…)

신록을 바라다보면 내가 살아 있다는 사실이 참으로 즐겁다.

내 나이를 세어 무엇하리.

나는 지금 오월 속에 있다.

피천득 선생의 〈오월〉입니다. 너무 옅지도, 짙지도 않은 청순한 푸름의 계절, '밝고 맑고 순결한' 오월입니다.

꽃비 내리는 이 아침, 아픈 추억도 어두운 그림자도 다 뒤로하고 싶습니다. 우리는 지금 오월 속에 있으니까요.

네잎클로버

나는 해가 금과 같이 반짝이고
벚꽃이 눈처럼 활짝 피는 곳을 알지요.
바로 그 밑에는 세상에서 제일 아름다운 곳,
네잎클로버가 자라는 곳이 있지요.

잎 하나는 희망을, 잎 하나는 믿음을,
그리고 또 잎 하나는 사랑을 뜻하잖아요.
하지만 하느님은 행운의 잎을 또 하나 만드셨어요.
열심히 찾으면 어디에서 자라는지 알 수 있지요.

하지만 희망을 갖고 믿음을 가져야 하지요.
사랑해야 하고 강해져야지요.
열심히 일하고 기다리면 네잎클로버
자라는 곳을 찾게 될 거예요.

— 엘라 히긴슨, 〈네잎클로버 Four Leaf Clover〉

누구나 행운을 원하지만, 행운은 결코 우연히 오지 않고 전제 조건이 있다고 시인은 말합니다. 행운을 만나기 위해서는 희망과 믿음을 가져야 하고 사랑할 줄 알아야 한다고 말입니다. 그리고 열심히 일하면서 기다리면, 행운은 오게 마련이라고 말합니다.

하지만 가끔 의문이 생깁니다. 다른 사람의 삶에는 호박이 넝쿨째 굴러 들어오기도 하는데 나는 희망, 믿음, 사랑 갖고 죽자사자 열심히 일하고 기다려도 행운이 그냥 지나쳐 가는 것 같습니다.

네잎클로버는 행운을 뜻하지만, 세잎클로버는 행복을 상징한다고 하지요. 행운의 네잎클로버는 보이지 않더라도, 일부러 찾지 않고도 발밑에 차이는 게 행복이라는 뜻이겠지요. 희망, 믿음, 사랑 자체가 행운보다 훨씬 더 소중한 행복이니까요.

---

* 엘라 히긴슨(Ella Higginson, 1861~1940)
  미국의 시인, 사회 활동가. 〈네잎클로버〉는 그녀의 첫 발표작이자 대표작이며, 그 외에 단편소설집을 출간하기도 했다. 문학뿐 아니라 여성의 교육, 결혼제도 등 여성의 삶에 영향을 미치는 이슈에도 관심이 많아 관련된 다양한 사회 활동을 했다.

3.

인용 작품

- 따로 표시된 경우를 제외하고, 본문에서 인용한 작품은 모두 저자가 직접 발췌, 번역했습니다. 전문 혹은 원문을 찾아보고 싶은 독자를 위해 작품들을 인용 순서대로 정리했습니다.
- 작품 발표 연도를 기준으로 하되, 해당 연도를 찾기 어려운 경우 작품이 수록된 책의 출판 연도를 기재했습니다.

1. 삶은 작은 것들로 이루어졌네

클레어 하너Clare Harner, 〈내 무덤가에 서서 울지 마세요Do not stand by my grave and weep〉(1934)

앤 타일러Anne Tyler, 《종이시계Breathing Lessons》(1988), 《바너비 스토리A Patchwork Planet》(1998)

카슨 매컬러스Carson McCullers, 《슬픈 카페의 노래The Ballad of the Sad Café》(1951)

버지니아 울프Virginia Woolf, 《등대로To the Lighthouse》(1927)

찰스 디킨스Charles John Huffam Dickens, 《위대한 유산Great Expectations》(1861)

윌라 캐더Willa S. Cather, 《나의 안토니아My Antonia》(1918)

생텍쥐페리Antoine Marie Roger de Saint-Exupéry, 《어린 왕자The Little Prince》(1943)

스티브 잡스Steven Paul Jobs, 스탠퍼드대학 졸업 연설2005 Stanford Commencement address(2005)

프랜시스 톰프슨Francis Thompson, 〈하늘의 사냥개The Hound of Heaven〉(1980)

E. B. 화이트Elwyn Brooks White, 《The Second Tree from the

Corner》(1954)

진 켄워드Jean Kenward, 〈새해를 준비하는 마음New Year〉

어니스트 헤밍웨이Ernest Hemingway, 〈깨끗하고 밝은 곳A Clean, Well-Lighted Place〉(1933)

작가 미상 동화, 《둥근 새The Round Bird》(연도 미상)

와티 파이퍼Watty Piper, 《꼬마 기차The Little Engine That Could》(1930)

파울로 코엘료Paulo Coelho, 《연금술사The Alchemist》(1988)

2. 이 아침, 축복처럼 꽃비가

윌리엄 케네디William Kennedy, 《내가 너를 사랑한 도시 Ironweed》(1983)

앨프리드 테니슨Alfred Lord Tennyson, 〈사우보In Memoriam〉(1950) 〈율리시스Ulysses〉(1833) 〈부서져라, 부서져라, 부서져라Break, Break, Break〉(1835)

스콧 피츠제럴드Francis Scott Key Fitzgerald, 《위대한 개츠비 The Great Gatsby》(1925)

너새니얼 호손Nathaniel Hawthorne, 《주홍 글자The Scarlet Letter》(1850)

로버트 브리지스Robert Seymour Bridges, 〈6월이 오면When June is Come〉(1890) 〈깨어나라, 내 가슴이여Awake my heart〉(1890)

레오 로빈Leo Robin, 〈1월 속의 6월June in January〉(1934)

에밀리 브론테Emily Jane Brontë, 《폭풍의 언덕Wuthering Heights》(1847)

에밀리 디킨슨Emily Elizabeth Dickinson, 〈만약 내가…If I can…〉(1864)

헨리 롱펠로Henry Wadsworth Longfellow, 〈화살과 노래The Arrow

and the Song〉(1845) 〈크리스마스 종소리Christmas Bells〉
(1863)

로버트 프로스트Robert Lee Frost, 〈눈가루Dust of Snow〉(1823)
〈자작나무Birches〉(1915)

랭스턴 휴스James Mercer Langston Hughes, 〈꿈Dreams〉(1923) 〈자
서전The Big Sea: an autobiography by Langston Hughes〉(1940)
〈경구Epigram〉(1957)

에드거 게스트Edgar Albert Guest, 〈아침 식사 때At Breakfast
Time〉(1916)

밥 딜런Bob Dylan, 〈바람 속에 답이 있다Blowin' in the Wind〉
(1962)

칼 샌드버그Carl Sandburg, 〈행복Happiness〉(1916)

로버트 블라이Robert Elwood Bly, 〈사랑에 관한 시Love Poem〉
(1962)

에리히 프롬Erich Fromm, 《사랑의 기술The Art of Loving》(1956)

로저 맥거프Roger McGough, 〈40 러브40-Love〉(2003)

셸 실버스타인Shel Silverstein, 〈엄마와 하느님Ma and God〉
(1974)《아낌없이 주는 나무The Giving Tree》(1964) 〈눈덩

이Snowball〉(1996)

최남선, 〈해에게서 소년에게〉(1908)

토머스 올드리치Thomas Bailey Aldrich, 〈10월Maple Leaves〉(1876)

윌리엄 예이츠William Butler Yeats, 〈낙엽은 떨어지고The Falling of the Leaves〉(1886)

램 바르마Ram P. Varma, 〈새해 생각New Year Thoughts〉(연도 미상)

퍼시 셸리Percy Bysshe Shelley, 〈서풍에 부치는 노래Ode to the West Wind〉(1819)

사라 티즈데일Sara Teasdale, 〈2월의 황혼February Twilight〉(1924)

메리 하트만Mary R. Hartman, 〈삶은 작은 것들로 이루어졌네Life's Made up of Little Things〉(1941)

로버트 브라우닝Robert Browning, 〈봄 노래Spring Song〉(1841)

앤젤리나 그림케Angelina Weld Grimké, 〈4월에At April〉(1925)

모드 그랜트Maude M. Grant, 〈5월은May is〉(연도 미상)

피천득, 〈오월〉(1996)

엘라 히긴슨Ella Higginson, 〈네잎클로버Four Leaf Clover〉(1890)

이 아침 축복처럼 꽃비가

1판 1쇄 발행 2010년 5월 6일
개정판 1쇄 발행 2025년 7월 28일

지은이 장영희
펴낸이 김성구

책임편집 양지하
콘텐츠본부 고혁 김초록 이은주 류다경
디자인 이영민
마케팅부 송영우 김지희 강소희
제작 어찬
관리 안웅기 이종관 홍성준

펴낸곳 (주)샘터사
등록 2001년 10월 15일 제1-2923호
주소 서울시 종로구 창경궁로35길 26 2층 (03076)
전화 1877-8941 | 팩스 02-3672-1873
이메일 book@isamtoh.com | 홈페이지 www.isamtoh.com

©장영희, 2025, Printed in Korea.

이 책은 저작권법에 따라 보호를 받는 저작물이므로 무단 전재와 복제를 금지하며,
이 책의 내용 전부 또는 일부를 이용하려면 반드시 저작권자와 (주)샘터사의
서면 동의를 받아야 합니다.

ISBN 978-89-464-2312-1 03810

값은 뒤표지에 있습니다.
잘못 만들어진 책은 구입처에서 교환해 드립니다.

샘터 1% 나눔실천
샘터는 모든 책 인세의 1%를 '샘물통장' 기금으로 조성하여 매년 소외된 이웃에게
기부하고 있습니다. 2024년까지 약 1억 1,650만 원을 기부하였으며, 앞으로도 샘터는
책을 통해 1% 나눔실천을 계속할 것입니다.